KB215829

空을
깨닫는
27가지
길

空을 깨닫는 27가지 길

◉ 용타 지음

이 책의 목적은 공空을 깨닫고 체험하는 것입니다.

왜 공空을 깨닫고 체험해야 할까? 사람은 눈을 뜨자마자 눈앞에 전개되는 세상에 대하여 곧장 '있다!'는 관점을 취합니다. 그리고 그 즉시 있다고 여기는 대상을 분별 시비 집착分別是非執着하면서 갖가지 고뇌를 만들어 냅니다.

인류사를 관조해 보면 크고 작은 고뇌로 점철되어 있습니다. 죽음이 고뇌요, 병이 고뇌요, 늙음이 고뇌요, 만나고자 하나 만나지지 않는 것이 고뇌요, 만나고 싶지 않으

나 만나지는 것이 고뇌요, 얻고자 하나 얻어지지 않는 것
이 고뇌입니다. 하나를 얻으면 하나를 더 얻고 싶은 것이
고뇌요, 습관에 절여져서 건강과 행복에 해로운 줄 알면
서도 그 습관의 노예로 되어가는 것이 고뇌요, 습관이 중
독으로 되어 영영 빠져나오지 못하는 것이 고뇌요, 한 물
건을 놓고 두 사람이 다투는 것이 고뇌요, 조그마한 가치
를 위해 조직끼리 싸우고 나라끼리 전쟁을 하는 것이 고
뇌입니다. 인간의 삶이 그러함을 아무도 부정할 수 없다
는 것이 진정 슬픈 일입니다.

　인류 역사는 한쪽으로는 이러한 고뇌의 늪에 빠져 있
고 다른 한쪽으로는 그 고뇌를 해결하고자 애씁니다. 음
지와 양지의 시소게임이지요. 그나마 착한 마음으로 양지
놀음을 하는 이들이 있다는 것은 아름다운 일입니다. 그
런데 그 양지 놀음들까지도 결국은 미봉책에 불과하다는
것을 알게 됩니다.

전 인류 역사에 만연해 있는 일체 고뇌를 원천봉쇄하고 발본색원拔本塞源해 버릴 수 있는 길이 없을까? 그것은 바로 석가모니를 위시한 뭇 조사祖師와 선각先覺들이 제시하는 공空의 길입니다.

독자들께서는 공空의 이치理致를 깨달아 '나'와 '세상'을 당연한 사실로 실체시實體視하며 분별, 시비, 집착으로 살아온 인생을 반성하고 막힌 삶으로부터 열린 삶으로 나아가야 할 것입니다.

이 책의 27개의 공리(空理: 공의 이치)는 물론 해제를 몇 번이고 정독해 보신다면 깊은 도움이 될 것입니다.

이 책에 담겨 있는 27개의 공리空理들은 현재 필자가 운영하는 동사섭 수련회 고급 과정에서 교재로 쓰이고 있습니다.

공리를 정립하기 시작한 것은 색즉시공色卽是空을 파지把持하였던 대학 시절부터였습니다. 그러하니 이 책자는

50여 년 동안 만들어져 온 셈입니다. 참으로 긴 세월 동안 묵은 책입니다.

이 책은 그저 한 번만 읽고 말 책이 아닙니다. 거듭거듭 읽고 사유하면서 공空의 이치가 거듭거듭 '아하'로 다가와야 합니다. 그리하여 당연하게만 여겨졌던 뭇 실체實體, 뭇 개념이 봄 산에 눈 녹아내리듯 사라져 감을 느끼고 또 느끼면서 '아! 이렇게 사는 것이 〈응무소주이생기심應無所住而生其心〉의 삶이로구나!' 하는 고백이 나와야 합니다.

진정, 독자들께서 '걸림 없는 삶이 이런 것이구나! 이런 상태의 삶을 열린 삶이라 하겠구나!' 하는 대자유의 삶을 맞이하시기 바랍니다.

드디어 27개의 공리空理를 정리하여 책으로 내 놓을 생각을 하니 일단 시원합니다. 감사의 마음이 일어납니다. 공空이라는 구원해탈론救援解脫論을 엮어내 주신 불조佛祖들이 진정 감사합니다.

33여 년간 수련장에 나들이해 주신 2만여 명의 수련생

들, 감사합니다.

27개의 공리空理가 끝내 책으로 나오도록 윤문해 주시고 격려해 주신 선혜 유소림 님, 감사합니다. 이 소책자의 원고가 정리되기를 지긋이 기다려 주신 민족사에도 깊은 고마움을 전합니다. 끝으로 꾸준하게 힘을 실어주신 우리 공동체 식구들, 어떻게 다 감사할 수 있을까요!

진정 바라옵건대, 무한 우주에 있는 유형무형, 유정무정, 모든 존재들의 행복 해탈과 맑고 밝은 상생 기운을 위해 이 일물一物의 전 존재, 전 에너지를 기起하여 전傳하오니 무량한 복덕이 향상向上되소서….

2013년 늦가을

천령산 아래 행복마을에서

용타 합장

목
차

꼭먼저 읽을거리

해제의 이름을 '꼭 먼저 읽을거리'라고 하였다.

왜 이런 유별난 이름을 붙였을까? 이제부터 독자 여러 분은 줄곧 '공空'이라는 것 하나에 대해 사유하게 될 것이다. 이 소책자의 주제는 공리空理이다. 불교를 공문空門이라고도 하는 것은 공空이 불교 가르침의 전부라고 할 만큼 공空을 중시한다는 뜻이다.

필자는 대학 2학년이던 1963년 반야심경般若心經의 색즉시공色卽是空을 이해하면서 일생일대의 환희 체험을 하였다. 그 이래 공空은 삶의 나침판이 되었다. 자연히 공空

의 이치에 대해서, 공空의 이해에 대해서 관심을 기울이는 삶을 살아온 셈이다. 그 결과, 출가수행 중인 1978년 즈음 공空을 깨닫는 접근법 10개를 정립하였고, 그 후로도 접근법을 하나씩 더 보태어 지금은 모두 27개가 되었다.

우리는 왜 공空과 공리空理를 공부해야 하는 걸까? 그 까닭을 이렇게 해제解題에서 밝히고 꼭 먼저 읽을거리라고 강조하는 것은 독자들께서 공空 공부의 가치와 의미, 그리고 그 취지를 선명히 잡아야 공空을 뚫지 않으면 안 된다는 신념이 생겨 공空을 익히게 될 것이기 때문이다.

결론부터 말하자면 공空 공부는 공空을 이해하는 차원을 넘어서서 깨달음(悟, 覺)의 차원으로, 깨달음의 차원을 넘어서서 증득(證得, 體得)의 차원으로 나아가야 한다.

1. 공리空理와 행불행幸不幸

인생에서 근본적인 문제는 고통, 곧 불행이다. 고통에

서 벗어나 행복에 이르는 것(離苦得樂)이 인생의 목적이다. 고통에서 벗어나려면 고통의 원인을 알아야 한다. 고통의 원인은 치痴 · 탐貪 · 진瞋 삼독三毒이다. 삼독 중에서도 치(痴, 어리석음)는 원인 중 원인이다. 탐진치가 고통의 조상이라면 치는 삼독의 원조 격이다.

치痴는 대단히 넓은 개념이다. 그러나 어리석음 중의 어리석음으로 사바세계의 모든 고통을 끌어내는 원천적인 어리석음이 있다. 그 원천적인 어리석음이 씨앗이 되어 억만 가지의 어리석음이 끊임없이 생겨나며, 사람은 살아갈수록 더더욱 그 속에 빠져든다. 인류사의 모든 고통과 전쟁이 사라지려면 그 원천적인 어리석음이 제거되어야 한다. 여러분은 그 원천적인 어리석음이 무엇이라 생각하는가?

그것은 바로 나와 세상이 '없는' 데 '있다'고 생각하는 것이다. 진정 제대로 행복해지기를 원한다면 해탈을 해야 하고, 해탈을 위해서는 '없는' 것을 '없다'고 바르게 깨달아야 한다. 분명히 있다고 여겨지는데 잘 사유해보면 없는

법이다. 이 책자는 그 '없음'*의 이치, 곧 공리空理를 깨닫
게 한다.

인류의 모든 문화 문명, 정치, 경제, 교육, 도덕 등등은
인생의 고통을 해결하려는 노력이 거둔 열매이다. 그러나
그러한 노력은 고통의 잠정적 해결이나 완화, 혹은 약간
의 인간적 성숙만을 가져올 뿐, 고통의 뿌리까지 도려내
지는 못하고 있다. 뿌리는 그대로 둔 채 병든 잎사귀 하나,
가지 하나에 이런 저런 처방을 하고 있는 것이다.

물론 그러한 작업도 필요하다. 치과에 가서 아픈 이를
치료하거나, 경제를 일으켜 살림을 풍요롭게 하고, 교육
을 통해 심성을 순화시켜서 고통을 줄어들게 하는 것도
의미가 있다.

그러나 근본적인 처방이 없는 한 고통은 언제까지나
지속될 수밖에 없다. 뿌리 속의 뿌리까지 완벽하게 도려

---

* 여기서 말하는 '없음'이란 Nothing과 같은 단적인 없음의 뜻이 아니
고 무아無我, 비아非我, 공空의 의미이다. 바로 앞에 실체 개념으로 '있
음'을 썼기에 편의상 그에 상응하는 대구로 '없음'이라 썼을 뿐이다.

내는 고통의 근치根治 약재. 그것이 바로 있다고 여겨지는 것을 없음으로 보는 공空 사상이다.

공空을 통해 완벽하게 모든 고통을 근치할 수 있다는 것, 이것이 인류사에서 불교가 내로라 외칠 수 있는 자긍심인 것이다.

2. 오悟와 해탈감解脫感

거듭 이르거니와 공리空理를 이해함으로써 '과연 그렇구나! 없구나! 나, 너, 세상이란 본래 없구나!' 하는 인식이 확연해지면 경계境界에 끄달리던 구속감이 사라지고 열린 해탈감이 느껴진다.

해탈감이라는 느낌! 그것은 공리空理 파지(把持: 이해)의 결정적인 공덕이다. 모든 감각인지感覺認知 과정에는 그에 상응하는 느낌이 수반된다. 경전에는 '느낌'의 중요성이 별로 강조되고 있는 것 같지 않지만 경전의 행간을 유의

해 본다면 그 중요성은 면면히 흐르고 있음을 알 수 있다. 많은 경우, 불법佛法의 역사는 행간을 드러냄으로써 발전되어 왔다.

행간에는 지역성과 시대성이라는 한계를 뛰어넘어 초지역·초역사를 두루 만족시킬 수 있는 가르침이 들어 있는 법이다. 그 지역, 그 시대에 부응하는 이고득락離苦得樂을 위한 지혜를 행간에서 발굴하여 드러내는 것이야말로 바로 지혜종사의 일이었다. 그러했기에 석가모니와는 거의 상관도 없는 듯한 말씀들이 여시아문如是我聞을 서두로 하여 경전화되었던 것이다.

공空의 이치를 깨달았다면 필히 그 깨달음에 따르는 느낌이 있는 법인데 그 느낌에 유념하지 못한다면 참으로 유감스러운 일이다. 학문의 유감은 그곳에 있다. 느낌에 유념하느냐, 하지 않느냐 하는 것이 도道와 학學의 차이이다. 독자들께서는 공리空理의 이해에 상응相應하는 느낌이 느껴지는가에 유념해야 한다.

이 소책자의 사명 중 하나는 독자들에게 공空의 이해에 따르는 느낌을 알아차리게 하는 것이다. 이 소책자가 안내하는 모든 공리空理의 관행觀行에는 그에 상응하는 느낌, 곧 해탈감이 수반됨을 깊게 유념한다면 27개의 공리空理를 음미할 때마다 그 하나하나에서 타-ㄱ 트인 해탈감을 느끼게 될 것이다. 깨달음의 초기에는 공리를 관행할 때만 걸림없는 해탈감을 느끼겠지만 그 관행의 횟수가 늘어나다 보면 삶 전반이 해탈감으로 휩싸이게 된다.

3. 방편으로서의 공空

불교의 모든 가르침은 그 자체가 진리이기 때문에 설해지는 것이 아니라, 이고득락離苦得樂의 수단(방편)이 되기 때문에 더 큰 의미를 지닌다. 물론 공空이나 공리空理는 그 자체가 학문적인 진리성을 지니고 있음을 부정할 수는 없지만, 이고득락의 결정적인 방편이기 때문에 불교의 광장에서 귀히 대접하고 있는 것이다. 방편으로 채택되고 있는 말씀들이 진리성을 아우른다면 물론 좋겠지만 진리가 아니더라도 이고득락(행복 해탈)의 수단이 된다면 훌륭한 가르침이요, 법문法門인 것이다.

이 책의 27개 공리空理 역시 일단 진리성眞理性 차원이 아닌, 방편성方便性 차원에서 다루어지고 있음을 밝힌다. 주나 객에 대한 분별-시비-집착을 방하放下하게 하여 자유로움을 경험하게 하는 관점이 있다면 그 어떤 관점이든 공리空理인 것이다.

따라서 이 책의 재판, 3판 때는 27개 공리가 아니라 50개, 100개의 공리가 될 수도 있을 것이다.

4. 존중과 교류

나아가 모든 공부인들이 잊어서는 안 될 대단히 중요한 점을 말씀 드린다. 그것은 공리空理의 이해와 체득만이 해탈을 위한 유일한 길이라고 생각해서는 안 된다는 것이다.

공리空理라는 처방전은 우리 인간의 고통을 해결하는 데 있어 그 이상 더 뛰어날 수 없다고 할 만큼 탁월하고 근원적인 길임에는 틀림없다고 보지만, 우리 인류에겐 이 고득락과 해탈을 위한 길이 얼마든지 열려 있음을 잊지 말아야 한다.

즉 "이것만이 유일한 길이다!" 식의 법집法執에 떨어지는 일은 크게 경계해야 한다. 자가自家에 이 법이 있다면 타가他家에는 저 법이 있는 법이다. 이웃과의 평화 공존이 더 중요할 수 있는 법이다.

'존중과 교류'를 동판에 새기듯 유념해야 한다. 백화점에 한 물건만 놓여 있다면 숨통이 막힐 것이다. 자가自家에 절체절명의 진리라는 이름을 내걸고 타가他家에 걸린 다른 진리를 틀렸다고 시비하는 심리가 역사의 곳곳에서 얼마나 피비린내 나는 참혹상을 빚어내고 있는가 인간의 지성은 숙연한 마음으로 돌아보아야 한다.

우리 모두의 행복을 위해 방편으로 존재하는 것이 진리이다. 자기가 믿는 진리에 충성을 다하는 것은 아름다운 일이다. 그런데 내가 지지하지 않는 진리에 충성을 다하는 사람들을 존중하는 것은 더 아름답다. 오늘은 내 진리가 옳고 네 진리가 옳지 않다고 여겨질지라도 내일은 네 진리도 정당성이 있게 여겨질 수 있으며, 모레에는 내 진리를 접고 네 진리에 귀의할지도 모른다.

그러므로 꾸준히 존중하면서 진지한 교류를 통해 보다 온당하고 보다 지고한 진리를 향해 나아가야 한다. 이처럼 열려 있는 의식으로 자신의 길을 가는 사람, 그러한 사람이 진정 교양인이다.

이 27개의 공리空理는

일회一回적으로 이해할 것이 아니라

한두 장章 내지 전체의 장을

가능한 한 보다 고요한 마음으로

거듭 반복하여 읽고 사유思惟하여

'나'라는 것을 위시한 존재하는 일체의 것이

실체가 아닌 비실체(空)로 느껴지고,

존재하는 것에 대한 집착이 사라지게 하여

마음의 큰 평안(해탈)과 관계의 큰 평화(자비)를 얻게 하는 것이

목적이다.

곧

관자재보살의

조견오온개공도일체고액照見五蘊皆空度一切苦厄을

구현한다.

공리空理를 요의了義하는 27가지의 길

01 연기고공
緣起故空

모든 존재들은 인연因緣에 의해 존재하므로 공空하다.

천하의 모든 존재가 다른 것들과 인연을 맺음으로써만 존재할 수 있는 것이라면, 어떤 존재도 존재 그 자체를 실체實體라 할 수 없다.

모든 개체는 연기적 존재이므로 비실체非實體요, 무실아無實我요, 무아無我요, 비아非我요, 공空이다.

즉 존재계는 모두가 한 덩어리 유기체로, 그 어떤 개체도 연기의 고리를 끊어내고 홀로 독립적으로 존재할 수 없다.

석가모니 부처님은 그러한 존재 법칙에 대해 "이것이 있으므로 저것이 있고 이것이 없으므로 저것이 없고, 이것이 일어나므로 저것이 일어나고 이것이 사라지므로 저것이 사라진다(此有故彼有 此無故彼無 此起故彼起 此滅故彼滅)"고 말씀하셨다.

어떤 존재를 실체實體로 여길 때는 그것이 분별分別 - 시비是非 - 집착執着의 대상이 되지만 반대로 비실체非實體로 여긴다면 그러한 대상이 될 수 없다.

곧 전자의 경우는 집착으로 인한 괴로움의 늪에 빠질 가능성이 있음을 의미하고, 후자의 경우는 집착할 만한 대상이 본래 없으므로 그 가능성이 원천적으로 사라진다.

　어떤가?
　이 대목에서 구원과 해탈의 서광이 눈부시게 비쳐오지 않는가! 향기처럼 퍼져오지 않는가! ✳

02 방하현 공
放下顯空

그냥 놓아버리면 다 공空하다. 무엇이든 그것을
마음속에 두고 있을 때나 집착하고 있을 때 비로
소 실체로서 의미를 갖게 된다.

놓아버리면, 즉 자신의 의식意識 공간에 마음내
용(마음속의 모든 것: 감정, 욕구, 의지, 신념, 인상, 사
실이라고 생각되는 모든 것)으로 존재하지 않으면
어떤 것도 존재 의미가 없다.

방하放下는 특별한 논지가 필요 없다. 그냥 놓아
버리면 될 뿐이다. 종아리에 붙어 있는 거머리를

떼어 내버리듯이 일체의 개념이나 가치를 그냥 지
워버리는 것이다.

　방하현공放下顯空은 공空의 이치理致가 아니라 공
의 체험體驗을 위한 단순한 실천론이다.

　자기 속에 있는 마음내용을 내려놓은 다음, 그
것을 들고 있을 때의 느낌과 비교해 보라. 크든 작
든 시원한 해탈감을 느끼게 마련이다. 어떤 의미
에서는 방하현공이 가장 강력한 방편이다. �֎

03 무한고 공
無限故空

　무한의 차원에 서서 보면 그 어떤 것도 그 존재 의미를 찾을 수 없으므로 공空한 것이다. 세상에 존재하는 것들은 모두 서로 어우러져 관계를 맺을 때 존재할 수 있다면 그 전체가 실체實體이지 어떤 개체나 부분이 실체일 수는 없다.

　그러므로 사람이 '나'라는 개체를 유념하면서 실체화實體化하고 집착하여 괴로움의 나락奈落에 떨어진다면 '나'라는 개체 아이덴티티를 지양止揚 하고 전체 혹은 무한 아이덴티티를 취하는 편이 바람직할 것이다.

하루를 사는 하루살이도, 100년을 사는 사람도, 1000년을 사는 소나무도 무한 앞에서는 찰나의 존재이다.

무한無限 앞에서 어떤 개체가 실체로서의 모습을 드러내며 뽐낼 수가 있겠는가! ✳

04 무상고공
無常故空

모든 존재하는 것들은 항상恒常함이 없이 순간
순간 변하므로 공空하다.

실아實我를 상정想定할 때는 아我의 고정성固定性
이 전제된다. 그러나 고정체가 없이 찰나를 전후
하여 찰나 전의 아我는 찰나 후의 아我가 아니라면,
'나' 혹은 '그것'이라고 지정되는 그 어떤 무엇도
지정하는 자의 불완전하고 주관적인 착각일 뿐 고
정된 실체實體는 아니다.

　난로 위의 물방울이 순간 후에 증발할진대 그
물방울이 "나는 물방울이다"라고 자신의 정체성
을 주장할 수 있겠는가?

　그와 같이 존재하는 모든 것은 물방울이 한 순
간에 증발하듯 무상하게 변하므로 '그 무엇!'으로
고정시켜 실체시할 수 없다. 오직 어리석음 때문
에 변화를 변화로 깨닫지 못하므로 고정된 실체가
지속된다고 여기는 것이다.

미세한 변화를 식별하는 감지 능력이 있는 자의 눈으로 보면 도무지 '그것!' 혹은 '나!'라 할 만한 실체가 없는 것이다. 이 섬세한 감지 능력이야말로 참으로 커다란 지혜이다.

확연한 깨달음이 없다 하여도 그 이치는 이해할 수 있다. 이해(先悟, 解悟)한 후에 이해한 상태를 깊이 반복해서 명상한다면 깨달음의 수준에 이르게 되고, 드디어는 숙겁宿劫에 나! 나! 하고 살아온 고

질적인 아집我執에서 근본적으로 벗어날 수 있을
것이다.

　"나-" 하면서 "이미 그 '나'는 변하여 사라져버
렸으니 '나'라고 할 만한 것은 없다"라고 거듭 거
듭 반복해서 음미해 보라. 이 때 느껴지는, 탁 트인
열린 감感이 해탈인 것이다. ✦

05 성주괴공
成住壞空

존재하는 모든 것은 이루어지고(成) – 잠시 머물러 있다가(住) – 파괴되어(壞) – 사라져버리므로(空) 공空하다. 이 관觀은 무상고공無常故空의 범주에 든다. ✳

06 생멸고공
生滅故空

생멸生滅이란 생주이멸生住異滅을 약하여 쓴 말이
다. 존재하는 모든 생명은 탄생했다가(生) – 머물렀
다가(住) – 한동안 변화를 반복하다가(異) – 사라져
버리므로(滅) 공하다.

이 관觀도 성주괴공成住壞空과 같은 법리法理인데
성주괴공成住壞空은 무생물에 방점傍點을 두고, 생
멸고공生滅故空은 생물에 방점을 두는 것뿐이다.

오늘의 내가 내일도 존재한다고 전제하면 '나'라는 실체가 있게 되고 '나'에 집착하는 마음이 발달하게 된다.

그러나 오늘의 '나'를 보되 얼마 후에 필연적으로 올 '사라져 없을 상태'를 동시에 받아들인다면 '나'는 '나'로서 느껴지기보다는 텅 빈 모습으로 느껴질 것이다.

"나-"하면서 "지금은 잠깐 있는 듯한 '나'이지만 잠시 후 사라져 영원히 없을 존재가 아닌가!" 하고 거듭 거듭 반복해서 '사라져 없는 상태'를 관조하곤 한다면 '나'에 대한 실체감實體感이 증발되어 감을 느낄 것이다.

역시 반복 실습이다. 천재란 반복이 낳는다 하지 않는가! ✳

07 불가득 공
不可得空

  금강경의 가르침이다. 과거심불가득過去心不可得
이요, 미래심불가득未來心不可得이요, 현재심불가득
現在心不可得이다. '과거'의 존재는 이미 사라져버렸
으니 없고 '미래'의 존재는 아직 오지 않았으니 없
으며 '현재'의 존재는 찰나 사이에 변하여 사라져
버리니 없다. 그런데도 현재 있는 것처럼 느껴지
는 것은 오직 불완전한 인지 과정 때문에 그렇게
존재하는 것처럼 비치고 있을 뿐이다.

  어리석은 사람은 '나'라고 하는 존재가 어제도

존재했고, 오늘도 존재하고 내일도 존재할 것이라고 막연히 생각하면서 '나'에 대한 집착에서 벗어나지 못한다. 그러나 잘 사유思惟해 보면 과거·현재·미래의 세 때 중 그 어느 과정의 존재도 '이것!'이라고 딱 고정시켜 제시할 수가 없다.

이렇게 자각하게 되면 내가 존재로서 어떤 역할은 할지언정 실체시實體視하면서 집착에 빠지지는 않을 것이다. 이렇게 관조觀照한다면 어찌 해탈解脫되지 아니 할 수 있겠는가! ✹

08 잔상고 공
殘像故空

인식의 기초는 감각이다.

사람은 대체로 감각 대상을 감각할 때 현재 자
신의 감각 기관에 비치어 나타나고 있는 피사체를
실체시實體視한다. 즉 자신 앞에 보이는 그 현상이
확실한 사실로 그렇게 존재한다고 믿는다. 그 믿
음에 이어 그 현상에 대해 심각해진다.

그러나 깨닫고 보면 현재 내 눈과 귀 등의 감각
기관에 잡히고 있는 '그것!'은 '그것'으로부터 내

감각 기관에 감지될 때까지 걸린 시간만큼 '과거
의 것'일 뿐이다. 즉 내가 지금 실체시하는 '그것'
은 이미 사라지고 없는 '과거 실체'의 잔상殘像에
불과하다.

　이것은 밤하늘의 무수한 별들 중에 상당수의 별
들은 이미 사라지고 없는데도 우리 눈은 사라진
별의 잔상을 보면서 그 별들이 지금 존재하는 것
으로 여기는 것과 같다.

이 잔상적殘像的 존재라는 것을 명상적으로 관행觀行하노라면 현재 자신 앞에 현전하는 것들이 '몽환포영로전(夢幻泡影露電: 꿈, 환상, 물거품, 그림자, 이슬, 번개)'으로 느껴지고 대상에 집착하던 자신의 의식 에너지가 대상으로부터 느슨하게 풀려나면서 회수됨을 체험하게 될 것이다.

어떠한가? 그렇게 관조觀照되면서 피어오르는 해탈감解脫感이 느껴지는가? ✸

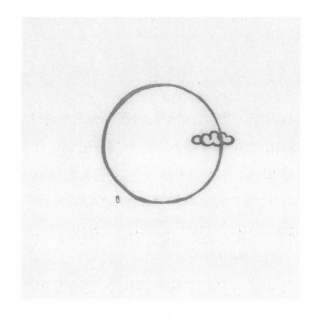

09 가합고 공
假 合 故 空

    존재하는 것들은 대체로 여러 가지 요소들이 임시臨時로 어우러져 있음으로써 '그것'인 법이다. 그런데 임시로 어우러져 있다는 사실을 간과한 채, 존재하는 그것을 '그것!'으로 실체시實體視·가치시價値視하고서 그것에 집착하는 것이 인간의 커다란 어리석음이다.

    임시 어우러져 있다는 것(假合)은 눈앞의 현상이 곧 그 존재의 실체實體가 아님을 뜻한다.

다이아몬드에 집착하여 고통이 따른다면 그것이 탄소들의 가합일 뿐임을 자각함으로써 다이아몬드에 대한 집착에서 해탈한다.

'몸'에 집착하여 재난이 따른다면 몸이 '지地 – 수水 – 화火 – 풍風'의 가합假合일 뿐임을 자각함으로써 몸에 집착하던 심리에서 벗어나는 것이다. ✪

10 분석고공
分析故空

존재하는 것은 여러 부분이 모아져서 존재하는 법이다. 그러므로 전체를 부분으로 나누어 보면 처음에는 실체實體로서 존재하고 있는 것처럼 보이던 것이 힘을 잃고 사라진다. 『나선비구경那先比丘經』의 마차 분해 비유 법문이 좋은 참고가 될 것이다.

물에 집착하여 괴롭다면 산소와 수소로 분석하여 관함으로써 물에 대한 실체시로부터 벗어나고, 또한 산소를 실체시하여 집착의 문제가 따른다면 핵과 전자로 분석하여 관함으로써 산소에 대한 집착에서 벗어나는 것이다.

거의 모든 불행은 몸을 '나'라고 실체시實體視하여 집착함으로써 빚어진다. 몸은 지수화풍地水火風이 모아져서 이루어진다. 몸이라 할 때 집착하게 되고 지수화풍이라 할 때 집착하지 않게 된다면 해탈을 위해 지수화풍地水火風으로 분석관分析觀을 하는 것이 현명한 일임은 말할 나위 없다.

마음도 마찬가지이다. 마음을 '나'라 실체시하여 집착한다면, 수상행식受想行識을 통칭 마음이라 하고 있으니 수상행식으로 분석하여 관함으로써 마음을 '나'라고 여기는 집착 심리에서 벗어나는 것이다.

지地가 나인가? 아니다, 그것은 지地일 뿐 '나'가 아니다. 수水가 나인가? 아니다, 그것은 수水일 뿐 '나'가 아니다. 화火가 나인가? 아니다, 그것은 화火일 뿐 '나'가 아니다. 풍風이 나인가? 아니다, 그것은 풍風일 뿐 '나'가 아니다. 수受가 나인가? 아니다, 그것은 수受일 뿐 '나'가 아니다. 상想이 나인가? 아니다, 그것은 상想일 뿐 '나'가 아니다. 행行이 나인가? 아니다, 그것은 행行일 뿐 '나'가 아니다. 식識이 나인가? 아니다, 그것은 식識일 뿐 '나'가 아니다.

이와 같은 방법으로 분석관을 하다 보면 몸과 마음을 '나'라고 여기는 집착 심리에서 벗어날 것이다. ✺

11 억분일 공
億 分 一 空

　무엇인가로 괴롭고 심각해지는 것은 모두 한결같이 그 무엇을 일정 크기 이상으로 바라보기 때문이다.

　그러나 나를 곤혹스럽게 하는 그 어떤 상황도 내 거대한 의식 공간이나 내 인생 공간의 전체 차원에서 바라보면 그 공간의 억분의 일도 안 된다는 것을 자각하게 되고, 이 자각으로 인해 괴로움이나 심각성이 사라진다.

나지사〈구나 – 겠지 – 감사〉* 명상을 할 때 활용해 보면 탁월한 효과가 있음을 알 수 있다. ✺

* 동사섭 수련이 채택하고 있는 네 개 조바라밀 중의 하나로서 분노를 다스리는 명상법이다.

12 입자고공
粒子故空

주로 물질적인 실체를 대상으로 할 때 활용하는 공관空觀이다.

그 어떤 물건도 일정한 크기와 모양과 색깔을 전제할 때라야 실체로서의 의미를 갖는다. 그러나 모든 물질은 입자들의 집합일 뿐으로 입자 관점에서 보면 어떤 모양 – 크기 – 색깔이든 그 존재 근거를 찾을 수 없으니 공空하다는 의미이다.

금가락지를 입자군粒子群으로 관조한다면 그것이 어찌 금가락지일 것인가! ❀

13 파동고 공
波動故空

입자粒子와 파동波動에 관한 물리학의 연구에 따르면 입자즉파동粒子卽波動이요, 파동즉입자波動卽粒子이다.

반야심경의 색즉시공色卽是空이요, 공즉시색空卽是色이다.

모든 물질은 입자粒子로만 보아도 충분히 공空한 것인데, 파동波動으로 본다면 더 말할 나위 있겠는가! ✸

14 몽환고공
夢幻故空

존재하는 것들은 무엇이나 꿈과 같고 허깨비와 같기 때문에 공空하다.

일체유위법 여몽환포영 여로역여전 응작여시 관(一切有爲法 如夢幻泡影 如露亦如電 應作如是觀: 모든 유위법은 꿈과 같고, 환상과 같고, 물거품과 같고, 그림자와 같고, 또한 이슬과 같고, 번개와 같으니 마땅히 이와 같이 보아야 한다.)이라는 『금강경金剛經』의 가르침을 공리空理 하나로 채택한 것이다. ✿

15 중중연공
重重緣空

존재하는 모든 것은 다른 모든 것과 관계를 맺음으로써만 존재하므로 그 어떤 것도 실체성을 찾을 수 없어 공空하다.

스스로 존재하지 못하고 다른 것과 함께 해야만 존재한다면 그것은 그 홀로 실체일 수 없다. 어떤 것을 '그것!' 혹은 '나!'로 실체시實體視 하려고 하면 이것과 연관된 전체가 따라붙는다.

'나'는 부모와 또 부모의 부모들과 나아가 무수한 조상들과 관계함이 없이는 존재할 수 없고, 공

기와 물과 지구의 자전·공전과 나아가 태양계, 은
하계, 우주 등과 관계를 맺음으로써만 존재한다.

　이 사실을 마음속 깊이 반복 명상하면서 받아들
인다면 다른 것들과의 관계로 한계 지어진 '나'라
는 존재가 독립된 실체로 느껴지지 않을 것이다.
그 대신 '나'라는 존재는 공허하고 관념적인 허상
일 뿐임이 확연해지면서 전체의 풍광 속에서 실체
로서의 빛을 잃게 된다.

　나아가 전체가 한 흐름, 한 생명덩어리로 수긍首肯되면서 해탈감과 대자대비의 지복至福감에 휩싸이게 된다. 이를 굳이 개념화한다면 대아大我, 법계法界, 법계일심法界一心 등으로 묘사할 수 있다. ✹

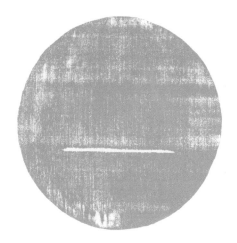

16 성기고 공

性起故空

　존재하는 것들은 공空한 본체(本體· 本性, 性)로부터 일어나는 것이니 공空하다.

　존재하는 것들이 하나의 현상이라면 그 현상을 현상이게 하는 것은 무엇인가? 그것은 본체요, 본성이다.

　현상이 본체의 투영이요, 본체의 산물이라면 현상의 실체는 현상 자체가 아니라 본체이다. 그런데 그 본체는 실체성이 없고 초월자超越者이며 공空이다.

　그러므로 현상은 곧 공空이다. 물방울이 허공에서 나왔다면 물방울의 실체는 물방울 자체가 아니라 허공이며, 허공은 실체성이 없으니 물방울 또한 실체성이 없다.

　'나'를, 혹은 어떤 존재를 관조하되, 그것을 유발시키는 공空한 배경(본체, 성)을 느끼어 보라. '나'가 사라지면서 개운한 해탈감을 체험할 것이다. ✷

17 자성고공
自性故空

자성自性이므로 공空하다.

자성은 공리空理를 수단으로 하거나, 선정禪定·
주력呪力·간경看經 등을 수단으로 하여 깨달을 수
있다.

자성을 깨달으면, 그 깨달음의 힘에 비례해서
일체 경계(境界: 대상, 色聲香味觸法)에 대해 분별·시
비·집착分別是非執着하던 마음이 쉬어버린다. 즉
절로 천하가 공空해져 버린다. 자성自性은 그 자체
로 무한이기 때문이다.

자성파지自性把持 *가 공리空理에 의해 터득되었다면 공리는 인위因位요, 자성파지는 과위果位이다. 반대로 자성을 깨달은 상황에서는 자성파지自性把持가 인위가 되고 공리파지空理把持가 과위가 되어 자성과 공리는 서로 인과상응因果相應의 관계가 된다.

자성을 파지把持한 사람은 자성自性을 묵묵히 관조하고 있어 보라. 천하가 고요히 공空해져 버림을 느낄 수 있을 것이다. ✜

* 자성自性을 인식함, 자성을 수긍함, 자성을 깨달음.

18 자체고 공
自體故空

    존재하는 모든 것은 초월자*인 그 자체일 뿐이니 공空하다.

    존재하는 모든 것은 우리의 근(根: 주관적인 감각 인지 틀)에 의한 표상으로 드러날 때 우리의 경험 대상이 된다. 그러므로 우리가 인식하는 모든 인식 대상은 우리의 근根이라는 렌즈에 의한 굴절물이

---

* 존재성을 부정할 수 없지만 영원히 그 존재를 인식할 수 없는 존재를 초월자라 한다.

다. 굴절되어 보이는 것을 실상實相이라 할 수 없음
은 자명自明한 것, 그러면 근根에 의해 굴절되기 전
의 그 자체, 곧 물자체物自體는 무엇인가? 그냥 그
자체自體일 뿐이다.

　만일 '그 자체는 X이다'라고 규정한다면 그 'X'
란 '그 자체는 X이다'라고 규정하는 자의 주관적
인 표상물일 뿐이니 X가 그 자체일 수는 없다.

무언가로 규정했다 하면 바로 즉비卽非*이다. 어떤 개념화, 어떤 규정화를 무수히 하더라도 무한부정無限否定이 전제된다. 곧 영원한 초월자요, 영원한 불가득不可得이다.

* 어떤 존재를 개념화하는 순간 실체시實體視라는 함정에 빠질 가능성이 있다. 의사소통의 편의상 개념을 선택하지 않을 수 없으니 개념은 활용하더라도 실체시實體視라는 분별-시비-집착에 빠져서는 안될 일이다. 실체시에 빠지지 않을 방편이 즉비(卽非: 바로 아님)이다. [예: 컵卽非컵. 컵은 바로 컵이 아님. 의사소통의 필요상 '컵'이라 이르되, 컵의 공성空性을 깨닫고 컵이 아님(卽非컵)에 깨어 있으면서 '컵'이라 이르는 것이다.]

'내가 보고 듣고 생각하는 모든 것은 나의 주관적인 근根에 의한 굴절물屈折物일 뿐 사실(실상) 자체는 아니며, 사실 자체, 실상 자체는 세웠다 하면 즉비卽非요, 무한 부정이야!' 해 보라.

현상은 현실로서 역할할 것이 있을 뿐, 그것을 집착 대상으로 여기는 것은 어리석은 짓임을 수긍하게 될 것이다. ✤

19 자연고 공
自然故空

존재하는 모든 것은 자~연自然이므로 공空하다.

아버지의 정자 하나와 어머니의 난자 하나가 있다. 이 정자와 난자는 '나'일까, 자연일까? 그것을 '나'라고 이를 자 없을 것이다.

그 정자와 난자가 합쳐져 어머니의 자궁 속에서 하나의 수정란이 되었다. 이 수정란은 '나'일까, 자연일까? 물론 자연이다.

이 수정란이 세포분열을 하여 3개월 성장했다. 3개월이 된 이 태아는 '나'일까, 자연일까? 역시 자연이다.

　태아가 태 속에서 10개월이 되어 고고의 일성을 울리며 태어났다. 이 신생아는 '나'일까, 자연일까? 물론 자연이다.

　3세가 되고 8세가 되어 초등학교에 들어갔다. 이 아이는 '나'일까, 자연일까? 이때부터는 '나'라고 해야 할까? 아니다. 이 아이의 어느 구석을 봐도 99.99%가 자연이다.

0.01% 정도의 '나'라 할 만한 자아성自我性도 결국 자연의 파생물일 뿐이어서 8세가 되든 80세가 되든 이 사람은 자연이라고 볼 때 가장 적절하다.

 이 논리를 방편적으로 본다면 더욱 그러하다. 인류사의 모든 고통과 싸움이 결국 '나自我'라는 생각에서 나왔다고 하는 것을 받아들일 때 99.999% 자연이요, 0.001% '나'라 여길 수 있는 상황에서 어찌 0.001 쪽에 손을 들 수 있겠는가?

자연인 자리에는 '나'니 '너'니 '무엇'이니 하는 구분이 없다.

그 어떤 것도, 그것이 설혹 인위적인(?) 문화문명일지라도 자연의 부분이요, 자연의 파생물이니 그 어떤 것도 결국 자~연自然일 뿐이다.

집착하고 있는 것들이 자연自然으로 관조됨으로써 여여如如하게 수용된다면 자연고공自然故空의 관점은 훌륭한 공리空理이다. ✦

20 의근고공
依根故空

　존재하는 모든 것은 그 모양, 그 색깔, 그 크기
가 사실로서 존재하는 것이 아니고 일단 바라보
는 자의 주관적인 근根에 의해 결정되는 것이므로
그렇게 비쳐 보이는 존재는 실체實體나 실상實相이
아니다.

　자신의 육근(六根: 眼耳鼻舌身意)의 조건과는 상관
없이 그 모양, 그 색깔, 그 크기의 존재가 실체로서
실재하는 양 생각하는 인식 관점을 소박실재론素
朴實在論이라 하는데 이는 철학의 입문 과정에서 무

너진다. 무수한 사람이 소박실재론에 묶여 대상을 실체시하고 그것에 집착하여 고해苦海 속을 윤회하고 있다.

'나'나 '그것'을 대상화하는 순간, '나' 혹은 '그것'으로 잡혀오는 대상을 "이것은 나의 근根에 의해서 이렇게 현전하는 것으로 조건적인 허상일 뿐이다!"라고 음미 · 관조해 보라. '나' 혹은 '그것'에 대한 실체감實體感이 사라져 감을 느낄 수 있을 것이다. ✷

21 심조고 공
心造故空

존재하는 모든 것들은 마음이 만들어낸 것(일체
유심조: 一切唯心造)이므로 공空하다. 원효 대사의 해
골통骸骨通을 떠올려 보면 된다.

현실이란 나의 마음의 필터를 통하여 나타나는
색성향미촉법色聲香味觸法의 세계를 의미한다. 즉
시비-선악-미추라는 가치는 시是하고 비非한 것,
선善하고 악惡한 것, 미美하고 추醜한 것 등이 실제
로 존재하기 때문에 그러한 것이 아니라 나의 주
관적인 인지認知 차원에서 그렇게 여기는 것이다.

이렇게 가치론적인 것뿐만 아니라 존재론적인 것들도 각인各人의 주관적인 인지認知 조건을 배제한다면 성립될 수 없다.

즉 존재론적인 현상이든, 가치론적인 현상이든 그 자체로 실체實體성을 지닐 수 없으니 공空한 것이다. ✺

22 염체고공
念體故空

    사람이 존재한다고 여기는 모든 것은 '실체로서의 어떤 것'이 아니라 결국 스스로의 염체念體[*]일 뿐이니 공空하다.

    염체란 감정염체-욕구염체-의지염체-신념염체-인상염체-사실염체 정도로 정리될 수 있다.

    사람이 걸려 넘어지면서 불해탈不解脫을 경험하는 것은 거의가 사실염체事實念體를 실체시하는 데

---

[*] 마음속의 모든 것, 즉 모든 관념, 감정, 욕구, 인상, 의지 등 모든 것.

에서 온다.

어떤 사실事實도 자신의 마음 밖에 있는 무엇이 아니라 마음 안에 있는, '사실'이라 여겨지는 염체 念體일 뿐이다.

따라서 어떤 대상, 어떤 상황이든 그것이 사실이 아니라 사실염체(事實念體: 꼭 사실처럼 여겨지는 염체) 라고 가만히 관조해 보면 그 상황으로부터 자유로워짐을 감感으로 느끼게 된다. ✦

23 파근현공
破根顯空

　　물자체物自體 세계는 우리의 근근根을 통해 현상으로 나타난다. 그러므로 육근六根을 파破하면 어떤 대상도 형상이 초월되어 버린다. 즉 공空의 현전現前이다.

　　의근고공依根故空에서 이해되었듯이 여러 형상으로 존재하는 것들은 주관적인 육근에 의해 드러나는 현상이다.

　　이 이치를 받아들인다면, 육근을 파破했을 때 존재의 모양과 색깔과 크기가 사라져버린, 어떤 텅 빔이 상상될 것이다.

　백색 투명한 빛이 프리즘을 통과하면 현란한 무지갯빛으로 나타나지만 프리즘을 치우면 그 무지갯빛이 사라지듯, 육근六根을 파(破, 제거)하면 육근六根에 의해 드러났던 현상세계는 사라지고 그냥 텅 빈 투명세계가 현전한다.

　역시 명상의 반복이 요청된다. 파근破根을 상상하고, 파근에 따라 현전할 텅 빈 허공심계虛空心界를 상상한다.

　이 관행을 반복하고 있노라면 집착 심리와 실체 심리에서 훨훨 벗어나고 있는 자신을 발견하게 될 것이다. ✺

24 파운현공
破雲顯空

구름을 제거하면 맑은 하늘이 드러나듯 마음 하늘에 번뇌의 구름을 제거하면 본래청정本來淸淨한 여여실상如如實相이 드러날 것이다.

즉 순수한 육식(六識: 眼識, 耳識, 鼻識, 舌識, 身識, 意識)에 붙어 있던 번뇌가 사라져 다 증발되었다고 상상해 보라. 그러면 석가모니의 임재臨在와 같은 어떤 청정을 느끼게 될 것이다.

공空의 의미는 공空 자체에 있는 것이 아니라 공리空理의 이해가 가져오는 집착 없는 심리과정과 집착 없는 삶에 있다.

번뇌가 없는 육식의 의식과정(심리과정)을 상상하는 것 자체가 번뇌의 구름을 제거한다는 날카로운 인식이 요청된다. ✵

25 미시고공
微視故空

현미경적인 눈으로 바라보면 현재 자신의 육근에 비쳐지는 모습들은 사라져 버린다. 지금 내 눈 앞에 있는 컵을 얼마 정도의 거리에서 바라보는 것이 가장 바람직할까? 물론 정답은 없다. 오직 집착하지 않을 수 있으면 될 뿐이다.

지금 이 모습에 대해서 집착할 가능성이 높기 때문에 27가지 공리空理와 같은 다양한 시각으로 조명해 보는 것이며, 그 갈래 하나로 현미경적인 시각도 취해 보는 것이다.

백만 배 이상으로 확대하여 볼 수 있는 전자 현미경이 개발되어 있는 줄 안다. 말하자면 직경 1cm의 구슬을 직경 10km의 구슬 정도로 확대해서 볼 수 있을 만큼 현미경 과학이 발달했다는 말이다.

사람 하나를 1700km 정도의 큰 괴물로 바라본다면 어떤 정서를 체험할 수 있을 것 같은가?

그 괴물에 대해서 무슨 시비를 걸면서 속을 태우겠는가.

　미시고공微視故空의 이치는 이미 입자 물리학에
서 잘 갈파해 내고 있다. 거대하게 보이는 삼라만
상이 입자 물리학의 안목으로는 텅 빈 허공일 뿐
이다.
　내 눈앞에 엄연히 존재하는 것으로 느껴지는 모
든 현상은 나의 착각일 뿐이요, 현미경과 같은 정
밀한 도구를 통해 보면 사실은 텅 비었다는 것이
미시고공微視故空의 뜻이다.

적당히 속 끓이기 좋은 크기로 상정해 두고 업
장 놀음하는 짓은 지양止揚해야 하지 않겠는가? 어
떤 무엇이든 현미경적으로 가만히 관조해 보면 집
착하는 마음이 생길 수 없을 것이다. ✳

26 원시고공
遠視故空

존재하는 것을 공간적으로 멀리 떼어놓고 바라
보면 실체성을 찾을 수 없다. 이 관행법은 학적學的
논지가 아니고 경험적 사실에 바탕한 방편이다.

사람이 무엇인가에 집착하며 괴로워하는 것은
공간적으로 집착하고 괴로워할 만한 거리를 전제
하기 때문이다. 집착과 괴로움이 목적이 아닐진대
왜 그러한 거리에 두고 바라보는가?

　미시고공微視故空이나 원시고공遠視故空 등은 그 거리를 달리해 봄으로써 괴로움에서 벗어나는 방편이다.

　복잡한 일이 있을 때 잠시 여행을 떠나보면 마음이 더 안정되는 것을 경험할 수 있을 것이다.

　자신과 세상사를 달나라쯤 떼어놓고 바라보는 연습을 해 보라. 지구를, 태양계를, 은하계를, 온 우주를 멀리 멀리 떼어놓고 바라보는 명상을 해 보라.

아예 온 우주를 깨알만큼 보이도록 멀리 떼어놓고 관조해 보라.

세상에서 보고 듣고, 생각하며, 마음속으로 번민한다는 것이 얼마나 근시안적인 것인가를 느낌으로 느낄 수 있을 것이다. ✾

27 영시고공

永時故空

긴 시간 차원에서는 존재하는 것들이 다 공空한 것이다.

사람이 존재의 무게를 느끼는 것은 공간적으로 그럴 만한 거리에 있는 경우이듯 시간적인 거리의 경우에도 또한 그러하다.

인간은 현재에 집착하는 심리를 가지고 있다. 현재의 치통은 심각하다. 그러나 일 년 후쯤 치통을 앓게 된다고 하면 심각성이 덜하다.

지금 당장 보자 할 때 두렵지 내일 두고 보자 하

면 여유가 있다. 나아가, 과거에 있었던 치통은 도리어 아롱진 추억담이 된다.

　세월이 약이라 함은 현재의 고통을 시간이 좀 지난 과거로 놓고 볼 때는 덜하다는 뜻이다. 어머니 죽고 도저히 살 수 없을 줄 알았던 사람도 시간이 지나면서 잘 살아간다. 치열했던 과거의 모든 역사는, 그것이 임진왜란이든, 2차 세계대전이든 세월이 많이 지난 이 시점時點에서는 하나의 흥미로운 이야깃거리이다.

　현재 내 존재의 무게를, 참기 어려운 고뇌의 현실을 시간적 거리를 두고 관조해 보라. 거대한 우주 공간도 마찬가지다. 그리 먼 미래가 아닌 내일이나 모레쯤이 공겁空劫이지 않겠는가?

　명상적으로 공겁에 머물러 보라. 무한히 거대하게 여기던 우주가 한 개의 물거품이 일어났다가 사라지는 것과 다름없게 느껴질 것이다. 무한 분의 일은 영零이듯, 무한 분의 억만도 영零이다. ✦

공空의 역사적 의미

불교사에서 공空이라는 가르침은 언제부터 시작되었을까? 카필라 국의 싯다르타 태자가 수행 사문이 되어 보리수 아래에서 큰 깨달음大覺을 성취하였는데, 그 큰 깨달음의 내용이 곧 공空이다.

그러므로 공의 역사적 의미를 인식하기 위해서는 훗날 석가모니 부처님이 되신 싯다르타 수행자의 행적을 조금 더듬어 볼 필요가 있겠다.

1. 싯다르타의 문제의식: 생로병사生老病死

불교는 싯다르타 태자의 생로병사生老病死에 대한 문제
의식이 그 성립의 단초端初이다. 태자는 소년 시절부터 움
터 자라온 노병사老病死에 대한 간절한 문제의식을 떨쳐내
지 못하였다. 싯다르타의 화두는 인간의 절대적인 한계인
노병사老病死를 넘어서는 것이었다. 늙음이라는 것, 병이
라는 것, 죽음이라는 것을 그 누가 싫어하지 않으랴마는
소년 싯다르타는 태자의 자리를 버리고라도 해결하지 않
으면 안 될 만큼 노병사老病死에 대한 혐오감이 유독 심각
했다.

태자의 아버지 정반왕은 이러한 아들에게 사람으로서
노병사老病死는 피할 수 없는 운명이므로 더 이상 그것을
문제 삼지 말고 왕위 계승에 관심 갖도록 권했다. 그러나
태자는 단호했다. 태자는 노병사 중에서 늙음(老)과 병(病)
은 감수한다 해도 죽음(死)만은 절대로 수용할 수 없다는
것이었다. 태자의 문제의식은 죽음 하나에 집약되었다.

죽지 않게 해 준다면 부왕의 뜻에 따라 왕이 되겠노라 하는 확고한 신념에 찬 태자의 발언에 정반왕도 더 이상 아들의 출가를 만류할 수 없었다. 그리하여 태자는 끝내 29세 되는 해에 제왕으로서의 꿈을 버리고 왕성王城을 나와 수행자의 길을 떠났다.

싯다르타 수행자는 6년이라는 세월 동안 뭇 수행 프로그램을 섭렵하였다. 특히, 출가 초기 일 년 남짓 동안 스승 알라라칼라마와 웃다카라마풋다에게 각각 사사師事하여 스승들의 경지인 무소유처無所有處와 비상비비상처非想非非想處의 경지에 이르러 그때마다 스승들로부터 최고 경지의 인가認可를 받았다.

그러나 그러한 경지가 자신의 문제인 죽음(死)의 문제를 해결하는 것과는 상관없음을 인식하고 두 스승들을 차례로 떠났다. 나아가 고행림苦行林에 들어가 5년여 간 과거의 어느 수행자도, 현재의 어느 수행자도, 미래의 어느 수행자도 해낼 수 없는 극한極限의 고행苦行을 하였지만 역시 죽음(死)의 문제는 해결할 수 없었다.

이에 싯다르타 수행자는 외도外道 스승과 타 문화에 의지하는 6년간의 수행을 정리하고 스스로를 스승 삼을 수밖에 없는 상황에 놓이게 되었다. 마지막으로 불성정각불기차좌不成正覺不起此座라, '바른 깨달음을 성취하지 못하면 이 자리에서 죽으리라!'라는 결연決然한 선언을 하고 보리수 아래에 좌정坐定하였다. 진리 파지把持를 위한 마지막 결전장에 임한 것이다.

싯다르타 수행자는 이 마지막 결전장에서 대각을 터뜨리고 자신의 문제를 해결하였다. 무슨 방편方便으로 대각大覺을 성취하였으며, 그 대각의 내용은 무엇이었을까? 많은 설들이 있지만 결론적으로 말하면, 방편은 사유思惟였고, 대각의 내용은 연기緣起였다.

2. 깨달음의 방편: 사유思惟

불전 연구가들은 석가모니 부처님이 어떤 수행법으로

성불成佛하셨는가에 대한 답을 15가지 정도로 정리한다. 이렇게 이설異說이 많은 것은 석가모니 부처님의 설법 방법이 특정한 교설로 고정되어 있지 않고 상황과 상대에 따라 달랐기 때문이다. 이를 넷으로 대별大別하면 다음과 같다.

(1) 사성제四聖諦, 십이연기十二緣起와 같은 이법理法의 증득으로,

(2) 사념처四念處, 사정근四正勤, 사여의족四如意足, 오근五根, 오력五力, 칠각지七覺支, 팔정도八正道 등과 같은 삼십칠조도품三十七助道品 수행으로,

(3) 사대四大, 오온五蘊, 12처處 등 제법의 여실한 관찰로,

(4) 초선初禪 · 이선二禪 · 삼선三禪 · 사선四禪 등의 근본선根本禪을 통하여 등이다.

이러한 것 중에서 계율적인 방편이나 수정修定주의 방

편은 외도들의 문화 속에도 있음을 감안할 때, 역시 결정적인 방편은 이법理法의 증득證得이었다고 보는 것이 가장 바람직하다. 물론, 이법의 증득만으로 성불成佛을 결정했다는 것은 아니다. 이법의 증득은 주된 도구이기는 하지만, 선정禪定이나 고행苦行이라는 보조 도구가 상당한 밑받침이 되었을 것임은 충분히 예상된다.

팔정도·삼학·육바라밀 등의 수행법을 고려할 때, 결정적인 수행법은 지성적知性的인 것이라 하더라도 몸을 다스리는 계율戒律이나 마음을 다스리는 선정禪定의 길이 무의미하다고 여기는 일은 없어야 할 것이다.

아무튼 싯다르타 수행자는 수정修定의 길이나 고행苦行의 길로는 자신의 문제를 해결할 수 없음을 인식하고 새로운 돌파구突破口를 찾아야 했다. 그 새로운 돌파구가 바로 사유思惟의 길이었다. '나는 죽는다. 그러나 그 죽음을 당하고 싶지 않다. 그 죽음을 뛰어넘을 수 있는 길은 무엇인가?' 하는 문제의식의 언저리에서 수정修定이나 고행苦行으로는 그것이 해결되지 않는다는 것을 깨닫고 지성적 사유思惟의 길을 채택한 것이다. 사유는 팔정도八正道의 두 번째 덕목인 정사유正思惟에 해당한다. 사유는 곧 사색思索이다. 인류사 최초로 사색을 통해 존재의 원리인 연기緣起의 이치를 깨닫고 죽음의 문제를 해결해 버렸으니 이것을 대각大覺이라 한다.

3. 대각의 내용: 연기緣起→무아無我→해탈解脫

연기緣起는 도대체 어떤 의미의 것이기에 죽음 문제의 해결로 이어지고 대각大覺이라는 영예로운 이름을 갖게 되었을까?

연기緣起란 천하에 존재하는 유형무형有形無形 유정무정有情無情 모든 것들의 존재 방식을 의미한다. 즉, 모든 존재들은 그 어느 것이든 스스로 존재하는 것이 아니고 다른 것과 공간적 · 시간적 관계를 가짐으로써만 존재한다는 뜻이다. 이러한 연기緣起의 이치를 모르면 존재하는 것들을 실체시實體視함으로써 집착과 고통을 겪을 수밖에 없다. 그러나 싯다르타 수행자를 비롯해 연기의 이치를 깨달은 이들은 실체로서 구획지어 집착할 것이 본래 없다는 사실을 수긍首肯하게 되어 실체實體로 집착함으로 인해 일어났던 고뇌에서 벗어나 버린다.

이것을 정리하면, '실체實體→집착執着→고통苦痛' → '연기緣起→무아無我→해탈解脫'이다. 즉 존재하는 것들을 실체시하여 집착하면 고통이 따르지만, 존재하는 것들을 연기로 파악하여 실체實體가 아닌 무아無我, 곧 공空으로 수긍하면 집착이 사라져 해탈하는 것이다.

긴급 동의! 여기까지는 대체로 잘 이해될 것이다. 그러나 또한 많은 이들이 이것이 석가모니 부처님의 대각大覺 전부일까 하고 의심을 품을 수 있다. 이 언저리에서 석가모니 부처님의 대각을 어떤 더 깊고 더 신비神秘한 무엇일 것으로 여길 수도 있다는 것이다.

가만히 생각해 보라. 싯다르타 수행자는 '나는 죽는다'

와 '나는 죽기 싫다' 사이를 오가면서 인간의 절대 한계인 죽음이라는 사실 앞에서 청소년 시절을 불안하게 살았고, 출가 사문이 되어서도 6년 동안을 그렇게 살았다. 그러나 결국은 어느 문화를 통해서도, 어느 스승을 통해서도 자신의 문제를 해결할 수 없다는 것을 인식하고 스스로를 스승 삼아 보리수 아래 앉아 깊게 사유思惟하여 연기緣起의 이치를 깨달으셨다.

이 깨달음은 싯다르타에게 부귀영화와 왕위까지 내던지게 했던 죽음의 불안을 단칼에 없애 주었다. 연기의 이치로 무아(無我, 空)임이 수긍되었고 무아無我이니 죽으려 해도 죽을 '나'가 본래 없는 이치가 확연해지면서 그 때까지 자아自我의 죽음 여하如何에 급급해 하던 불안不安이 사라지면서 해탈解脫을 해 버린 것이다. '연기→무아→해탈', 이것 이외에 그 어떤 신비한 해탈법이 더 필요하겠는가!

연기를 이해했다고 여기는 분은 '연기-무아-해탈'의 언저리에 머물러 스스로를 돌아보라. 본인이 이해한 '연기緣起이므로 무아(無我, 空)'라는 관념이 마음속에 있는 여러 집착들을 떨쳐내는 약재藥材로서 효험이 있는가를 느껴 보라. 효험이 없다면 연기緣起를 아직 이해하지 못한 것이며, 이해했더라도 의미가 없는 것이다. 효험이 있다면 그 효험이 보다 확연하도록 명상(瞑想, 正思惟)을 해 보라. 연기 무아緣起無我의 이치가 보다 선명해지면서 삶에 대한 다양한 집착으로부터 확연히 벗어난다면 그 사람은 석가모니 부처님의 첫 아라한 제자들 60명과 비교하여 일단 차별이 없다.

물론 연기 무아緣起無我의 이치를 이해하고(깨닫고) 죽음의 불안이 사라져 다양한 집착에서 벗어난다 해도 석가모니 부처님의 깨달음과는 다름이 없지는 않을 것이다. 그 차이는 석가모니 부처님의 그것은 증오證悟요, 제자들의 그것은 해오解悟라는 점이다. 바로 이즉돈오사비돈제理即頓悟事非頓除를 의미한다. 이치理致로는 시비是非를 넘어선 자리를 문득 다 알지만 오랜 세월 시비를 가리던 습관성(업장)은 아직 남아 있어서 문득문득 시비是非 놀음에 떨어지는 것이다.

석가모니 부처님은 싯다르타 수행자 시절 알라라칼라마와 웃다카라마풋다라는 두 스승을 사사師事하여 무소유처無所有處와 비상비비상처非想非非想處를 경험하셨고 5년여 동안 고행 수행을 하셨다. 그 과정에 중생들이 지니고 있는 악습惡習들이 놀라울 만큼 정화되었을 것임은 짐작이 되고 남는다. 이런 정화의 바탕 위에 깨달은 것과 그러한 정화의 바탕 없이 깨달은 것 사이에 있을 수 있는 차이는 충분히 수긍된다. 끝내 수행자는 습習을 녹여내는 일(後修)을 꾸준히 해 나가야 하는 것이다.

그렇다 할지라도 연기緣起→무아無我→해탈解脫이라는 깨달음을 통해 인간의 실존實存인 유한有限의 벽을 넘어서버리는 해오解悟 내지 돈오頓悟의 공덕은 장자長者가 잃었던 자식을 다시 찾은 것과 같은 쾌거快擧가 아닐 수 없다.

4. 녹야원의 60명 아라한 제자와 그 의미

보리수 아래에서 크게 깨달으신 석가모니 부처님은 당신의 깨달음을 세상에 전하기로 결심하시고 그 첫 전법傳法 대상對象으로 지난날의 스승이셨던 알라라칼라마와 웃다카라마풋다를 떠올리셨지만 이미 별세하신 후였다.

그래서 전법 대상을 수행시절 도반道伴들이었던 오비구五比丘로 정하시고 그들을 찾아 녹야원鹿野苑으로 가셨다. 부처님은 오비구를 위해 법을 설하셨다. 두 비구가 밥을 얻어오기 위해 탁발을 나가면 세 비구를 대상으로 법을 설하시고, 세 비구가 탁발을 나가면 두 비구를 대상으로 법을 설하셨다.

설법을 듣고 또 듣고 하는 과정에 결국 교진여라는 비구가 맨 먼저 깨달았다. 잇따라 다른 네 비구도 깨달았다. 부처님께서는 "이제 이 세상에는 나를 포함해서 여섯 명의 아라한阿羅漢이 있도다!" 하시면서 기쁨을 감추지 못하셨다.

이어서 그 고을의 부잣집 아들인 야사耶舍라는 청년이 심리적인 괴로움으로 방황하던 중 녹야원에 이르러 부처님을 만나게 되었다. 야사도 부처님의 설법을 듣고 아라한이 되었다. 야사의 소식을 전해들은 야사의 친구들 54명도 녹야원에 왔다가 부처님의 설법을 듣는 과정에서 앞서거니 뒤서거니 깨달음을 얻어 역시 아라한이 되었다.

부처님께서는 "이제 이 세상에는 나를 포함해서 61명의 아라한阿羅漢이 있느니라" 하시면서 기쁨을 드러내셨다. 녹야원 설법이 시작된 후 얼마나 걸려서 60명의 아라한이 배출되었을까 궁금해지는 국면이다. 3개월 설, 6개월 설 등이 있지만 양보해서 길게 잡는다 해도 그것은 1년 이내에 일어난 일이다.

이 대목에서 유념해야 할 것은 야사와 야사의 친구들 54인이다. 오비구는 본래 투철한 수행자이니 부처님의 설법을 들으면서 쉽게 아라한이 됐다 하더라도 야사나 야사 친구들은 그냥 평범한 시정市井의 한량閑良들이었다. 이들이 부처님의 설법을 몇 차례 들으면서 아라한이 되었다는 것은 무엇을 의미할까?

얼른 짐작할 수 있는 것은 아라한이란 대승불교 쪽에서 말하는 것과 같이 그토록 지난至難한 경지의 무엇은 아니리라 하는 점이다. 아라한의 경지가 해오解悟인가 증오證悟인가 묻는다면 해오解悟 쪽이요, 돈오돈수頓悟頓修의 돈오가 아니라 돈오점수頓悟漸修의 돈오이다.

생각해 보자. 부처님께서 녹야원에서 60명의 아라한 제자를 만드실 때, 설법 내용은 사성제四聖諦, 십이연기十二緣起, 팔정도八正道라는 것은 불교인이라면 다 아는 일이지만, 무엇을 깨달았을 때 아라한이라 인정하셨을까?

다소의 논의가 필요한 국면이겠으나 단적으로 말한다면 깨달음의 내용은 팔정도八正道의 정견正見이다. 정견이란 그 가짓수가 무수하겠지만 녹야원의 60명 아라한이 뚫었던 정견은 바로 연기緣起의 이치였다. 곧 연기가 정견이요, 연기이므로 무아의 이치가 자연스럽게 도출되니 무아無我가 정견인 것이다.

이에 대해 조금 더 설명을 덧붙이면 좋을 것 같다. 연기란 이 우주에 존재하는 모든 것들의 존재 방식이다. 즉, 이 우주에 존재하는 모든 개체는 본디 저 홀로 독립적으로 존재하는 것이 아니라 시간적으로나 공간적으로나 모두가 모두에게 의존하여 발생하는 것이다.

이런 방식으로 존재하는 모든 개체는 그 어느 것도 실체實體라 할 수 없으니 모든 존재는 곧 '무아'일 수밖에 없다. 부처님께서는 제자들이 당신이 보리수 아래에서 깨달으신 연기법緣起法을 깨닫고(이해하고) 무아無我임을 알면 아라한이 되었다고 인정하셨다고 보아야 한다.

위에서도 일렀지만 거듭해서 조금의 설명을 덧붙여 보면, 연기緣起의 이치는 우선 두 가지 큰 공덕을 가져온다. 연기는 먼저 무아無我를 낳고 무아는 해탈解脫을 낳으며, 나아가 연기는 동체同體를 낳고 동체는 동체대비同體大悲를 낳는다. 이 논리는 무아無我는 해탈을 낳는다거나 동체同體는 대비大悲를 낳는다는 식의 단순 논리가 아니고, 무아는 해탈을 낳을 뿐만 아니라 동시에 대비도 낳으며, 동체는 대비만을 낳는 것이 아니라 해탈도 낳는다는 식의 복합 논리인 것이다. 마찬가지로 전자前者의 공덕은 자리自利뿐 아니라 이타利他를 아우르고 후자後者의 공덕은 이타利他뿐 아니라 자리自利도 아우름으로써 연기법緣起法은 자리이타自利利他라는 대승大乘의 길을 여는 원리로서 기능하게 된다.

이를 도표로 표시하면 아래와 같다.

아라한이란 바로 이 도식과 같은 정견이 확립될 때 얻는 이름이다. 좀 더 섬세하게 논의한다면 녹야원 설법 당시 '연기緣起→무아無我→해탈解脫' 측면은 극명克明한 행行의 가르침이었고, 행간行間에 있었기 때문에 그다지 적극적으로 드러나지 않았던 '연기緣起→동체同體→대비大悲'

의 가르침은 대승시대 쪽으로 오면서 점점 더 강력하게 드러났다고 보면 된다.

아무튼 이와 같이 연기緣起사상은 자리이타自利利他, 자도타도自度他度, 상구보리 하화중생上求菩提 下化衆生 등의 보살도를 여는 핵심 원리이다. 이처럼 아라한 제자 60명이 양성되었을 때 석가모니 부처님께서는 이들에게 전법傳法을 떠나도록 하셨다. 이것이 바로 포교선언布教宣言이다.

싯다르타 태자의 문제의식으로부터 석가모니 부처님의 포교선언까지가 일단 '불교佛教의 기초불교基礎佛教'임을 알아야 한다. 이 기초불교의 외연外延이 넓혀진 것이 불교의 전 역사요, 이 시대의 불교인 것이다. 역사적인 모든 불교의 핵심은 기초불교요, 기초불교의 핵심은 '연기→무아→해탈'임을 거듭 강조하는 바이다.

석가모니 부처님 생존 시에 무아無我는 비아非我라 표기하기도 하고 혹은 인무아人無我 · 법무아法無我로 나누어 표기하기도 하였으니 이때의 아我는 주主와 객客을 함께 아우르는 개념이었다. 이러한 무아無我가 대승불교 쪽으로 나아가 공空, 혹은 아공我空 · 법공法空 등으로 표기되면서 공空은 불교의 핵심 가르침으로 자리하게 되었다.

이 소책자는 연기고공緣起故空 외에 26가지 접근법을 소개하고 있다. 이 27가지 접근법은 연기법의 외연을 넓히면 모두 그 속에 포함될 수 있으니 모든 공리空理의 모태는 일단 연기고공緣起故空이라 하겠다.

또한 역사적으로도 석가모니 부처님께서 최초로 연기법緣起法을 깨달으시고 그것을 가르침으로 펴신 은덕으로 비로소 인간의 의식意識 속에 공空이라는 깨달음이 들어서게 되었으니 석가모니 부처님의 연기법緣起法이야말로 인류를 고통에서 근본적으로 벗어나게 하는 구원해탈론救援解脫論인 것이다.

空
공

空을
깨닫는
27가지
길

초판 1쇄 인쇄	2014년 1월 24일
초판 1쇄 발행	2014년 1월 27일
지은이	용타
펴낸이	윤재승
주간	사기순
기획편집	사기순
영업관리	이승순, 공진희
펴낸곳	민족사
출판등록	1980년 5월 9일 제1-149호
주소	서울 종로구 수송동 58번지 두산위브파빌리온 1131호
전화	02-732-2403, 2404
팩스	02-739-7565
홈페이지	www.minjoksa.org
페이스북	www.facebook.com/minjoksa
이메일	minjoksabook@naver.com

ⓒ 용타, 2014. Printed in Seoul, Korea

ISBN   978-89-98742-18-8   03220

「이 도서의 국립중앙도서관 출판시도서목록(CIP)은 서지정보유통지원시스템 홈페이지
(http://seoji.nl.go.kr)와 국가자료공동목록시스템(http://www.nl.go.kr/kolisnet)에서
이용하실 수 있습니다.(CIP제어번호: CIP2014000214)」

* 이 책 내용의 전부 또는 일부를 재사용하려면 반드시 저자와 출판사의 서면 동의를 받
  아야 합니다.
* 책값은 뒤표지에 있습니다. 잘못된 책은 바꿔 드립니다.

空을 깨닫는 27가지 길

순

ㄹ공

용타 지음

민족사

목
차

이 27개의 공리公理는
일회一回적으로 이해할 것이 아니라
한두 장章 내지 전체의 장을
가능한 한 보다 고요한 마음으로
거듭 반복하여 읽고 사유思惟하여
'나'라는 것을 위시한 존재하는 일체의 것이
실체가 아닌 비실체(空)로 느껴지고,
존재하는 것에 대한 집착이 사라지게 하여
마음의 큰 평안(해탈)과 관계의 큰 평화(자비)를 얻게 하는 것이
목적이다.
곧
관자재보살의
조견오온개공도일체고액照見五蘊皆空度一切苦厄을
구현한다.

공리空理를 요의了義하는 27가지의 길

01) 緣起故空 (연기고공)

02) 放下顯空 (방하현공)

03) 無限故空 (무한고공)

04) 無常故空 (무상고공)

05) 成住壞空 (성주괴공)

06) 生滅故空 (생멸고공)

07) 不可得空 (불가득공)

08) 殘像故空 (잔상고공)

09) 假合故空 (가합고공)

10) 分析故空 (분석고공)

11) 億分一空 (억분일공)

12) 粒子故空 (입자고공)

13) 波動故空 (파동고공)

14) 夢幻故空 (몽환고공)

15) 重重緣空 (중중연공)

16) 性起故空 (성기고공)

17) 自性故空 (자성고공)

18) 自體故空 (자체고공)

19) 自然故空 (자연고공)

20) 依根故空 (의근고공)

21) 心造故空 (심조고공)

22) 念體故空 (염체고공)

23) 破根顯空 (파근현공)

24) 破雲顯空 (파운현공)

25) 微視故空 (미시고공)

26) 遠視故空 (원시고공)

27) 永時故空 (영시고공)

01 연기고공
緣起故空

　　모든 존재들은 인연因緣에 의해 존재하므
로 공空하다. 천하의 모든 존재가 다른 것들과
인연을 맺음으로써만 존재할 수 있는 것이라
면, 어떤 존재도 존재 그 자체를 실체實體라 할
수 없다. 모든 개체는 연기적 존재이므로 비실
체非實體요, 무실아無實我요, 무아無我요, 비아非我
요, 공空이다. 즉 존재계는 모두가 한 덩어리 유
기체로, 그 어떤 개체도 연기의 고리를 끊어내
고 홀로 독립적으로 존재할 수 없다.

　　석가모니 부처님은 그러한 존재 법칙에 대

해 "이것이 있으므로 저것이 있고 이것이 없으므로 저것이 없고, 이것이 일어나므로 저것이 일어나고 이것이 사라지므로 저것이 사라진다(此有故彼有 此無故彼無 此起故彼起 此滅故彼滅)"고 말씀하셨다. 어떤 존재를 실체實體로 여길 때는 그것이 분별分別 – 시비是非 – 집착執着의 대상이 되지만 반대로 비실체非實體로 여긴다면 그러한 대상이 될 수 없다. 곧 전자의 경우는 집착으로 인한 괴로움의 늪에 빠질 가능성이 있음을 의미하고, 후자의 경우는 집착할 만한 대상이 본래 없으므로 그 가능성이 원천적으로 사라진다.

어떤가? 이 대목에서 구원과 해탈의 서광이 눈부시게 비쳐오지 않는가! 향기처럼 퍼져오지 않는가! ❊

02 방하현 공
放下顯空

그냥 놓아버리면 다 공空하다. 무엇이든 그것을 마음속에 두고 있을 때나 집착하고 있을 때 비로소 실체로서 의미를 갖게 된다.

놓아버리면, 즉 자신의 의식意識 공간에 마음내용(마음속의 모든 것: 감정, 욕구, 의지, 신념, 인상, 사실이라고 생각되는 모든 것)으로 존재하지 않으면 어떤 것도 존재 의미가 없다.

방하放下는 특별한 논지가 필요 없다. 그냥 놓아버리면 될 뿐이다. 종아리에 붙어 있는 거머리를 떼어 내버리듯이 일체의 개념이나 가

치를 그냥 지워버리는 것이다. 방하현공放下顯
空은 공空의 이치理致가 아니라 공의 체험體驗을
위한 단순한 실천론이다. 자기 속에 있는 마음
내용을 내려놓은 다음, 그것을 들고 있을 때의
느낌과 비교해 보라. 크든 작든 시원한 해탈감
을 느끼게 마련이다. 어떤 의미에서는 방하현
공이 가장 강력한 방편이다. ✦

03 무한고 공
無限故空

　　무한의 차원에 서서 보면 그 어떤 것도 그 존재 의미를 찾을 수 없으므로 공空한 것이다.

　　세상에 존재하는 것들은 모두 서로 어우러져 관계를 맺을 때 존재할 수 있다면 그 전체가 실체實體이지 어떤 개체나 부분이 실체일 수는 없다.

　　그러므로 사람이 '나'라는 개체를 유념하면서 실체화實體化하고 집착하여 괴로움의 나락奈落에 떨어진다면 '나'라는 개체 아이덴티티를 지양止揚하고 전체 혹은 무한 아이덴티티를 취하는 편이 바람직할 것이다.

　하루를 사는 하루살이도, 100년을 사는 사람도, 1000년을 사는 소나무도 무한 앞에서는 찰나의 존재이다.

　무한無限 앞에서 어떤 개체가 실체로서의 모습을 드러내며 뽐낼 수가 있겠는가! ✵

04 무상고공
無常故空

모든 존재하는 것들은 항상恒常함이 없이 순간순간 변하므로 공空하다.

실아實我를 상정想定할 때는 아我의 고정성固定性이 전제된다. 그러나 고정체가 없이 찰나를 전후하여 찰나 전의 아我는 찰나 후의 아我가 아니라면, '나' 혹은 '그것'이라고 지정되는 그 어떤 무엇도 지정하는 자의 불완전하고 주관적인 착각일 뿐 고정된 실체實體는 아니다.

난로 위의 물방울이 순간 후에 증발할진대 그 물방울이 "나는 물방울이다"라고 자신의 정체성을 주장할 수 있겠는가?

그와 같이 존재하는 모든 것은 물방울이 한 순간에 증발하듯 무상하게 변하므로 '그 무엇!'으로 고정시켜 실체시할 수 없다. 오직 어리석음 때문에 변화를 변화로 깨닫지 못하므로 고정된 실체가 지속된다고 여기는 것이다.

미세한 변화를 식별하는 감지 능력이 있는 자의 눈으로 보면 도무지 '그것!' 혹은 '나!'라 할 만한 실체가 없는 것이다. 이 섬세한 감지 능력이야말로 참으로 커다란 지혜이다.

확연한 깨달음이 없다 하여도 그 이치는 이해할 수 있다. 이해(先悟, 解悟)한 후에 이해한 상태를 깊이 반복해서 명상한다면 깨달음의 수준에 이르게 되고, 드디어는 숙겁宿劫에 나! 나! 하고 살아온 고질적인 아집我執에서 근본적으로 벗어날 수 있을 것이다.

"나-" 하면서 "이미 그 '나'는 변하여 사라져버렸으니 '나'라고 할 만한 것은 없다"라고 거듭 거듭 반복해서 음미해 보라. 이 때 느껴지는, 탁 트인 열린 감感이 해탈인 것이다. ✺

05 성주괴공
成住壞空

존재하는 모든 것은 이루어지고(成) – 잠시 머물러 있다가(住) – 파괴되어(壞) – 사라져버리므로(空) 공空하다. 이 관觀은 무상고공無常故空의 범주에 든다. ✸

06 생멸고 공
生滅故空

생멸生滅이란 생주이멸生住異滅을 약하여
쓴 말이다. 존재하는 모든 생명은 탄생했다가
(生) – 머물렀다가(住) – 한동안 변화를 반복하
다가(異) – 사라져버리므로(滅) 공하다.

이 관觀도 성주괴공成住壞空과 같은 법리法理
인데 성주괴공成住壞空은 무생물에 방점傍點을
두고, 생멸고공生滅故空은 생물에 방점을 두는
것뿐이다.

오늘의 내가 내일도 존재한다고 전제하면 '나'라는 실체가 있게 되고 '나'에 집착하는 마음이 발달하게 된다. 그러나 오늘의 '나'를 보되 얼마 후에 필연적으로 올 '사라져 없을 상태'를 동시에 받아들인다면 '나'는 '나'로서 느껴지기보다는 텅 빈 모습으로 느껴질 것이다.

"나—" 하면서 "지금은 잠깐 있는 듯한 '나'이지만 잠시 후 사라져 영원히 없을 존재가 아닌가!" 하고 거듭 거듭 반복해서 '사라져 없는 상태'를 관조하곤 한다면 '나'에 대한 실체감實體感이 증발되어 감을 느낄 것이다.

역시 반복 실습이다. 천재란 반복이 낳는다 하지 않는가! ✸

19

07 불가득 공
不可得空

    금강경의 가르침이다. 과거심불가득過去心不可得이요, 미래심불가득未來心不可得이요, 현재심불가득現在心不可得이다. '과거'의 존재는 이미 사라져버렸으니 없고 '미래'의 존재는 아직 오지 않았으니 없으며 '현재'의 존재는 찰나 사이에 변하여 사라져버리니 없다. 그런데도 현재 있는 것처럼 느껴지는 것은 오직 불완전한 인지 과정 때문에 그렇게 존재하는 것처럼 비치고 있을 뿐이다.

어리석은 사람은 '나'라고 하는 존재가 어제도 존재했고, 오늘도 존재하고 내일도 존재할 것이라고 막연히 생각하면서 '나'에 대한 집착에서 벗어나지 못한다. 그러나 잘 사유思惟해 보면 과거·현재·미래의 세 때 중 그 어느 과정의 존재도 '이것!'이라고 딱 고정시켜 제시할 수가 없다.

이렇게 자각하게 되면 내가 존재로서 어떤 역할은 할지언정 실체시實體視하면서 집착에 빠지지는 않을 것이다. 이렇게 관조觀照한다면 어찌 해탈解脫되지 아니 할 수 있겠는가! ✿

08 잔상고공
殘像故空

    인식의 기초는 감각이다. 사람은 대체로 감각 대상을 감각할 때 현재 자신의 감각 기관에 비치어 나타나고 있는 피사체를 실체시實體視한다. 즉 자신 앞에 보이는 그 현상이 확실한 사실로 그렇게 존재한다고 믿는다. 그 믿음에 이어 그 현상에 대해 심각해진다.

    그러나 깨닫고 보면 현재 내 눈과 귀 등의 감각 기관에 잡히고 있는 '그것!'은 '그것'으로부터 내 감각 기관에 감지될 때까지 걸린 시간만큼 '과거의 것'일 뿐이다. 즉 내가 지금 실체시하는 '그것'은 이미 사라지고 없는 '과거 실체'의 잔상殘像에 불과하다.

이것은 밤하늘의 무수한 별들 중에 상당수의 별들은 이미 사라지고 없는데도 우리 눈은 사라진 별의 잔상을 보면서 그 별들이 지금 존재하는 것으로 여기는 것과 같다.

이 잔상적殘像的 존재라는 것을 명상적으로 관행觀行하노라면 현재 자신 앞에 현전하는 것들이 '몽환포영로전(夢幻泡影露電: 꿈, 환상, 물거품, 그림자, 이슬, 번개)'으로 느껴지고 대상에 집착하던 자신의 의식 에너지가 대상으로부터 느슨하게 풀려나면서 회수됨을 체험하게 될 것이다.

어떠한가? 그렇게 관조觀照되면서 피어오르는 해탈감解脫感이 느껴지는가? ⊛

09 가합고 공
假 合 故 空

　　존재하는 것들은 대체로 여러 가지 요소들
이 임시臨時로 어우러져 있음으로써 '그것'인
법이다. 그런데 임시로 어우러져 있다는 사실
을 간과한 채, 존재하는 그것을 '그것!'으로 실
체시實體視 · 가치시價値視하고서 그것에 집착하
는 것이 인간의 커다란 어리석음이다.

　　임시 어우러져 있다는 것(假合)은 눈앞의 현
상이 곧 그 존재의 실체實體가 아님을 뜻한다.

　　다이아몬드에 집착하여 고통이 따른다면 그것이 탄소들의 가합일 뿐임을 자각함으로써 다이아몬드에 대한 집착에서 해탈한다.

　　'몸'에 집착하여 재난이 따른다면 몸이 '지地-수水-화火-풍風'의 가합假合일 뿐임을 자각함으로써 몸에 집착하던 심리에서 벗어나는 것이다. ✤

10 분석고공
分析故空

존재하는 것은 여러 부분이 모아져서 존재하는 법이다. 그러므로 전체를 부분으로 나누어 보면 처음에는 실체實體로서 존재하고 있는 것처럼 보이던 것이 힘을 잃고 사라진다. 『나선비구경那先比丘經』의 마차 분해 비유 법문이 좋은 참고가 될 것이다.

물에 집착하여 괴롭다면 산소와 수소로 분석하여 관함으로써 물에 대한 실체시로부터 벗어나고, 또한 산소를 실체시하여 집착의 문제가 따른다면 핵과 전자로 분석하여 관함으로써 산소에 대한 집착에서 벗어나는 것이다.

　거의 모든 불행은 몸을 '나'라고 실체시實體視하여 집착함으로써 빚어진다. 몸은 지수화풍地水火風이 모아져서 이루어진다. 몸이라 할 때 집착하게 되고 지수화풍이라 할 때 집착하지 않게 된다면 해탈을 위해 지수화풍地水火風으로 분석관分析觀을 하는 것이 현명한 일임은 말할 나위 없다.

　마음도 마찬가지이다. 마음을 '나'라 실체시하여 집착한다면, 수상행식受想行識을 통칭

마음이라 하고 있으니 수상행식으로 분석하여
관함으로써 마음을 '나'라고 여기는 집착 심리
에서 벗어나는 것이다.

　지地가 나인가? 아니다, 그것은 지地일 뿐
'나'가 아니다. 수水가 나인가? 아니다, 그것은
수水일 뿐 '나'가 아니다. 화火가 나인가? 아니
다, 그것은 화火일 뿐 '나'가 아니다. 풍風이 나
인가? 아니다, 그것은 풍風일 뿐 '나'가 아니다.
수受가 나인가? 아니다, 그것은 수受일 뿐 '나'
가 아니다. 상想이 나인가? 아니다, 그것은 상

想일 뿐 '나'가 아니다. 행行이 나인가? 아니다, 그것은 행行일 뿐 '나'가 아니다. 식識이 나인가? 아니다, 그것은 식識일 뿐 '나'가 아니다.

　이와 같은 방법으로 분석관을 하다 보면 몸과 마음을 '나'라고 여기는 집착 심리에서 벗어날 것이다. ✣

11 억분일공

億 分 一 空

　　무엇인가로 괴롭고 심각해지는 것은 모두 한결같이 그 무엇을 일정 크기 이상으로 바라보기 때문이다.

　　그러나 나를 곤혹스럽게 하는 그 어떤 상황도 내 거대한 의식 공간이나 내 인생 공간의 전체 차원에서 바라보면 그 공간의 억분의 일도 안 된다는 것을 자각하게 되고, 이 자각으로 인해 괴로움이나 심각성이 사라진다.

나지사〈구나 – 겠지 – 감사〉*명상을 할 때 활용해 보면 탁월한 효과가 있음을 알 수 있다.

---

* 동사섭 수련이 채택하고 있는 네 개 조바라밀 중의 하나로서 분노를 다스리는 명상법이다.

12 입자고 공

粒子故空

주로 물질적인 실체를 대상으로 할 때 활용하는 공관空觀이다.

그 어떤 물건도 일정한 크기와 모양과 색깔을 전제할 때라야 실체로서의 의미를 갖는다. 그러나 모든 물질은 입자들의 집합일 뿐으로 입자 관점에서 보면 어떤 모양 – 크기 – 색깔이든 그 존재 근거를 찾을 수 없으니 공空하다는 의미이다.

금가락지를 입자군粒子群으로 관조한다면
그것이 어찌 금가락지일 것인가!

13 파동고 공
波動故空

입자粒子와 파동波動에 관한 물리학의 연구에 따르면 입자즉파동粒子卽波動이요, 파동즉입자波動卽粒子이다.

반야심경의 색즉시공色卽是空이요, 공즉시색空卽是色이다.

모든 물질은 입자粒子로만 보아도 충분히 공空한 것인데, 파동波動으로 본다면 더 말할 나위 있겠는가! ✸

14 몽환고공
夢幻故空

존재하는 것들은 무엇이나 꿈과 같고 허깨비와 같기 때문에 공空하다.

일체유위법 여몽환포영 여로역여전 응작여시관(一切有爲法 如夢幻泡影 如露亦如電 應作是觀: 모든 유위법은 꿈과 같고, 환상과 같고, 물거품과 같고, 그림자와 같고, 또한 이슬과 같고, 번개와 같으니 마땅히 이와 같이 보아야 한다.)이라는 『금강경金剛經』의 가르침을 공리空理 하나로 채택한 것이다. ❀

15 중중연공
重重緣空

　　존재하는 모든 것은 다른 모든 것과 관계를 맺음으로써만 존재하므로 그 어떤 것도 실체성을 찾을 수 없어 공空하다.

　　스스로 존재하지 못하고 다른 것과 함께 해야만 존재한다면 그것은 그 홀로 실체일 수 없다. 어떤 것을 '그것!' 혹은 '나!'로 실체시實體視 하려고 하면 이것과 연관된 전체가 따라 붙는다.

　　'나'는 부모와 또 부모의 부모들과 나아가 무수한 조상들과 관계함이 없이는 존재할 수 없고, 공기와 물과 지구의 자전·공전과 나아가 태양계, 은하계, 우주 등과 관계를 맺음으로써만 존재한다.

이 사실을 마음속 깊이 반복 명상하면서 받아들인다면 다른 것들과의 관계로 한계 지어진 '나'라는 존재가 독립된 실체로 느껴지지 않을 것이다. 그 대신 '나'라는 존재는 공허하고 관념적인 허상일 뿐임이 확연해지면서 전체의 풍광 속에서 실체로서의 빛을 잃게 된다.

나아가 전체가 한 흐름, 한 생명덩어리로 수긍首肯되면서 해탈감과 대자대비의 지복至福감에 휩싸이게 된다. 이를 굳이 개념화한다면 대아大我, 법계法界, 법계일심法界一心 등으로 묘사할 수 있다. ✷

16 성기고 공

性起故空

존재하는 것들은 공空한 본체(本體: 本性, 性)로부터 일어나는 것이니 공空하다.

존재하는 것들이 하나의 현상이라면 그 현상을 현상이게 하는 것은 무엇인가? 그것은 본체요, 본성이다.

현상이 본체의 투영이요, 본체의 산물이라면 현상의 실체는 현상 자체가 아니라 본체이다. 그런데 그 본체는 실체성이 없고 초월자超越者이며 공空이다.

그러므로 현상은 곧 공空이다. 물방울이 허공에서 나왔다면 물방울의 실체는 물방울 자체가 아니라 허공이며, 허공은 실체성이 없으니 물방울 또한 실체성이 없다.

'나'를, 혹은 어떤 존재를 관조하되, 그것을 유발시키는 공空한 배경(본체, 성)을 느끼어 보라. '나'가 사라지면서 개운한 해탈감을 체험할 것이다. 🏵

17 자성고 공
自性故空

　　자성自性이므로 공空하다.

　　자성은 공리空理를 수단으로 하거나, 선정禪定 · 주력呪力 · 간경看經 등을 수단으로 하여 깨달을 수 있다.

　　자성을 깨달으면, 그 깨달음의 힘에 비례해서 일체 경계(境界: 대상, 色聲香味觸法)에 대해 분별 · 시비 · 집착分別是非執着하던 마음이 쉬어버린다. 즉 절로 천하가 공空해져 버린다. 자성自性은 그 자체로 무한이기 때문이다.

자성파지自性把持*가 공리空理에 의해 터득되었다면 공리는 인위因位요, 자성파지는 과위果位이다. 반대로 자성을 깨달은 상황에서는 자성파지自性把持가 인위가 되고 공리파지空理把持가 과위가 되어 자성과 공리는 서로 인과상응因果相應의 관계가 된다.

자성을 파지把持한 사람은 자성自性을 묵묵히 관조하고 있어 보라. 천하가 고요히 공空해져 버림을 느낄 수 있을 것이다. ✦

* 자성自性을 인식함, 자성을 수긍함, 자성을 깨달음.

18 자체고 공
自體故 空

    존재하는 모든 것은 초월자*인 그 자체일 뿐이니 공空하다.

    존재하는 모든 것은 우리의 근(根: 주관적인 감각 인지 틀)에 의한 표상으로 드러날 때 우리의 경험 대상이 된다. 그러므로 우리가 인식하는 모든 인식 대상은 우리의 근根이라는 렌즈에 의한 굴절물이다. 굴절되어 보이는 것을 실

---

* 존재성을 부정할 수 없지만 영원히 그 존재를 인식할 수 없는 존재를 초월자라 한다.

상實相이라 할 수 없음은 자명自明한 것, 그러면
근根에 의해 굴절되기 전의 그 자체, 곧 물자체
物自體는 무엇인가? 그냥 그 자체自體일 뿐이다.

만일 '그 자체는 X이다'라고 규정한다면
그 'X'란 '그 자체는 X이다'라고 규정하는 자
의 주관적인 표상물일 뿐이니 X가 그 자체일
수는 없다.

무언가로 규정했다 하면 바로 즉비卽非*이
다. 어떤 개념화, 어떤 규정화를 무수히 하더라
도 무한부정無限否定이 전제된다. 곧 영원한 초
월자요, 영원한 불가득不可得이다.

* 어떤 존재를 개념화하는 순간 실체시實體視라는 함정에 빠질 가능
  성이 있다. 의사소통의 편의상 개념을 선택하지 않을 수 없으니
  개념은 활용하더라도 실체시實體視라는 분별-시비-집착에 빠져
  서는 안 될 일이다. 실체시에 빠지지 않을 방편이 즉비(卽非: 바로
  아님)이다. [예: 컵卽非컵. 컵은 바로 컵이 아님. 의사소통의 필요
  상 '컵'이라 이르되, 컵의 공성空性을 깨닫고 컵이 아님(卽非컵)에
  깨어 있으면서 '컵'이라 이르는 것이다.]

'내가 보고 듣고 생각하는 모든 것은 나의 주관적인 근根에 의한 굴절물屈折物일 뿐 사실 (실상) 자체는 아니며, 사실 자체, 실상 자체는 세웠다 하면 즉비卽非요, 무한 부정이야!' 해 보라.

현상은 현실로서 역할할 것이 있을 뿐, 그것을 집착 대상으로 여기는 것은 어리석은 짓임을 수긍하게 될 것이다. ❀

19 자연고 공
自然故空

　　존재하는 모든 것은 자~연自然이므로 공空
하다.

　　아버지의 정자 하나와 어머니의 난자 하나
가 있다. 이 정자와 난자는 '나'일까, 자연일
까? 그것을 '나'라고 이를 자 없을 것이다.

　　그 정자와 난자가 합쳐져 어머니의 자궁
속에서 하나의 수정란이 되었다. 이 수정란은
'나'일까, 자연일까? 물론 자연이다.

　　이 수정란이 세포분열을 하여 3개월 성장
했다. 3개월이 된 이 태아는 '나'일까, 자연일

까? 역시 자연이다.

태아가 태 속에서 10개월이 되어 고고의 일성을 울리며 태어났다. 이 신생아는 '나'일까, 자연일까? 물론 자연이다.

3세가 되고 8세가 되어 초등학교에 들어갔다. 이 아이는 '나'일까, 자연일까? 이때부터는 '나'라고 해야 할까? 아니다. 이 아이의 어느 구석을 봐도 99.99%가 자연이다.

0.01% 정도의 '나'라 할 만한 자아성自我性도 결국 자연의 파생물일 뿐이어서 8세가 되

든 80세가 되든 이 사람은 자연이라고 볼 때
가장 적절하다. 이 논리를 방편적으로 본다
면 더욱 그러하다. 인류사의 모든 고통과 싸움
이 결국 '나自我'라는 생각에서 나왔다고 하는
것을 받아들일 때 99.999% 자연이요, 0.001%
'나'라 여길 수 있는 상황에서 어찌 0.001 쪽에
손을 들 수 있겠는가?

　자연인 자리에는 '나'니 '너'니 '무엇'이니
하는 구분이 없다. 그 어떤 것도, 그것이 설혹
인위적인(?) 문화문명일지라도 자연의 부분이

요, 자연의 파생물이니 그 어떤 것도 결국 자연
自然일 뿐이다.

집착하고 있는 것들이 자연自然으로 관조됨
으로써 여여如如하게 수용된다면 자연고공自然
故空의 관점은 훌륭한 공리空理이다. ❀

20 의근고 공
依 根 故 空

　존재하는 모든 것은 그 모양, 그 색깔, 그 크기가 사실로서 존재하는 것이 아니고 일단 바라보는 자의 주관적인 근根에 의해 결정되는 것이므로 그렇게 비쳐 보이는 존재는 실체實體나 실상實相이 아니다.

　자신의 육근(六根: 眼耳鼻舌身意)의 조건과는 상관없이 그 모양, 그 색깔, 그 크기의 존재가 실체로서 실재하는 양 생각하는 인식 관점을 소박실재론素朴實在論이라 하는데 이는 철학의 입문 과정에서 무너진다. 무수한 사람이 소박

실재론에 묶여 대상을 실체시하고 그것에 집
착하여 고해苦海 속을 윤회하고 있다.

　'나'나 '그것'을 대상화하는 순간, '나' 혹은
'그것'으로 잡혀오는 대상을 "이것은 나의 근
根에 의해서 이렇게 현전하는 것으로 조건적인
허상일 뿐이다!"라고 음미·관조해 보라. '나'
혹은 '그것'에 대한 실체감實體感이 사라져 감
을 느낄 수 있을 것이다. ✱

21 심조고 공
心造故空

　　존재하는 모든 것들은 마음이 만들어낸 것 (일체유심조: 一切唯心造)이므로 공空하다. 원효 대사의 해골통髑骨通을 떠올려 보면 된다.

　　현실이란 나의 마음의 필터를 통하여 나타나는 색성향미촉법色聲香味觸法의 세계를 의미한다. 즉 시비-선악-미추라는 가치는 시是하고 비非한 것, 선善하고 악惡한 것, 미美하고 추醜한 것 등이 실제로 존재하기 때문에 그러한 것이 아니라 나의 주관적인 인지認知 차원에서 그렇게 여기는 것이다.

 이렇게 가치론적인 것뿐만 아니라 존재론적인 것들도 각인各人의 주관적인 인지認知 조건을 배제한다면 성립될 수 없다.

 즉 존재론적인 현상이든, 가치론적인 현상이든 그 자체로 실체實體성을 지닐 수 없으니 공空한 것이다. ✦

22 염체고공
念體故空

사람이 존재한다고 여기는 모든 것은 '실체
로서의 어떤 것'이 아니라 결국 스스로의 염체
念體*일 뿐이니 공空하다. 염체란 감정염체-욕
구염체-의지염체-신념염체-인상염체-사실
염체 정도로 정리될 수 있다.

　사람이 걸려 넘어지면서 불해탈不解脫을 경
험하는 것은 거의가 사실염체事實念體를 실체시

---

* 마음속의 모든 것, 즉 모든 관념, 감정, 욕구, 인상, 의지 등의 모든
것.

하는 데에서 온다.

어떤 사실事實도 자신의 마음 밖에 있는 무엇이 아니라 마음 안에 있는, '사실'이라 여겨지는 염체念體일 뿐이다.

따라서 어떤 대상, 어떤 상황이든 그것이 사실이 아니라 사실염체(事實念體: 꼭 사실처럼 여겨지는 염체)라고 가만히 관조해 보면 그 상황으로부터 자유로워짐을 감感으로 느끼게 된다. ✷

23 파근현공

破根顯空

물자체物自體 세계는 우리의 근根을 통해 현
상으로 나타난다. 그러므로 육근六根을 파파破하
면 어떤 대상도 형상이 초월되어 버린다. 즉 공
空의 현전現前이다. 의근고공依根故空에서 이해
되었듯이 여러 형상으로 존재하는 것들은 주
관적인 육근에 의해 드러나는 현상이다.

이 이치를 받아들인다면, 육근을 파파破했을
때 존재의 모양과 색깔과 크기가 사라져버린,
어떤 텅 빔이 상상될 것이다.

백색 투명한 빛이 프리즘을 통과하면 현란한 무지갯빛으로 나타나지만 프리즘을 치우면 그 무지갯빛이 사라지듯, 육근六根을 파(破, 제거)하면 육근六根에 의해 드러났던 현상세계는 사라지고 그냥 텅 빈 투명세계가 현전한다.

역시 명상의 반복이 요청된다. 파근破根을 상상하고, 파근에 따라 현전할 텅 빈 허공심계虛空心界를 상상한다. 이 관행을 반복하고 있노라면 집착 심리와 실체 심리에서 훨훨 벗어나고 있는 자신을 발견하게 될 것이다. ✿

24 파운현공
破雲顯空

　구름을 제거하면 맑은 하늘이 드러나듯 마음 하늘에 번뇌의 구름을 제거하면 본래청정本來淸淨한 여여실상如如實相이 드러날 것이다.

　즉 순수한 육식(六識: 眼識, 耳識, 鼻識, 舌識, 身識, 意識)에 붙어 있던 번뇌가 사라져 다 증발되었다고 상상해 보라. 그러면 석가모니의 임재臨在와 같은 어떤 청정을 느끼게 될 것이다.

　공空의 의미는 공空 자체에 있는 것이 아니라 공리空理의 이해가 가져오는 집착 없는 심리과정과 집착 없는 삶에 있다.

　번뇌가 없는 육식의 의식과정(심리과정)을 상상하는 것 자체가 번뇌의 구름을 제거한다는 날카로운 인식이 요청된다. ❀

25 미시고공
微視故空

    현미경적인 눈으로 바라보면 현재 자신의 육근에 비쳐지는 모습들은 사라져 버린다. 지금 내 눈앞에 있는 컵을 얼마 정도의 거리에서 바라보는 것이 가장 바람직할까? 물론 정답은 없다. 오직 집착하지 않을 수 있으면 될 뿐이다.

    지금 이 모습에 대해서 집착할 가능성이 높기 때문에 27가지 공리空理와 같은 다양한 시각으로 조명해 보는 것이며, 그 갈래 하나로 현미경적인 시각도 취해 보는 것이다.

백만 배 이상으로 확대하여 볼 수 있는 전자현미경이 개발되어 있는 줄 안다. 말하자면 직경 1cm의 구슬을 직경 10km의 구슬 정도로 확대해서 볼 수 있을 만큼 현미경 과학이 발달했다는 말이다.

사람 하나를 1700km 정도의 큰 괴물로 바라본다면 어떤 정서를 체험할 수 있을 것 같은가? 그 괴물에 대해서 무슨 시비를 걸면서 속을 태우겠는가.

미시고공微視故空의 이치는 이미 입자 물리학에서 잘 갈파해 내고 있다. 거대하게 보이는 삼라만상이 입자 물리학의 안목으로는 텅 빈 허공일 뿐이다.

내 눈앞에 엄연히 존재하는 것으로 느껴지는 모든 현상은 나의 착각일 뿐이요, 현미경과 같은 정밀한 도구를 통해 보면 사실은 텅 비었다는 것이 미시고공微視故空의 뜻이다.

적당히 속 끓이기 좋은 크기로 상정해 두고 업장 놀음하는 짓은 지양止揚해야 하지 않겠는가?

어떤 무엇이든 현미경으로 살피듯이 가만히 관조해 보면 집착하는 마음이 생길 수 없을 것이다. ✸

26 원시고 공
遠視故 空

존재하는 것을 공간적으로 멀리 떼어놓고 바라보면 실체성을 찾을 수 없다. 이 관행법은 학적學的 논지가 아니고 경험적 사실에 바탕한 방편이다.

사람이 무엇인가에 집착하며 괴로워하는 것은 공간적으로 집착하고 괴로워할 만한 거리를 전제하기 때문이다. 집착과 괴로움이 목적이 아닐진대 왜 그러한 거리에 두고 바라보는가?

미시고공微視故空이나 원시고공遠視故空 등은 그 거리를 달리해 봄으로써 괴로움에서 벗어나는 방편이다. 복잡한 일이 있을 때 잠시 여행을 떠나보면 마음이 더 안정되는 것을 경험할 수 있을 것이다.

자신과 세상사를 달나라쯤 떼어놓고 바라보는 연습을 해 보라. 지구를, 태양계를, 은하계를, 온 우주를 멀리 멀리 떼어놓고 바라보는 명상을 해 보라.

아예 온 우주를 깨알만큼 보이도록 멀리 떼어놓고 관조해 보라.

세상에서 보고 듣고, 생각하며, 마음속으로 번민한다는 것이 얼마나 근시안적인 것인가를 느낌으로 느낄 수 있을 것이다. ❀

27 영시고공
永時故空

긴 시간 차원에서는 존재하는 것들이 다 공空한 것이다.

사람이 존재의 무게를 느끼는 것은 공간적으로 그럴 만한 거리에 있는 경우이듯 시간적인 거리의 경우에도 또한 그러하다.

인간은 현재에 집착하는 심리를 가지고 있다. 현재의 치통은 심각하다. 그러나 일 년 후쯤 치통을 앓게 된다고 하면 심각성이 덜하다.

지금 당장 보자 할 때 두렵지 내일 두고 보자 하면 여유가 있다. 나아가, 과거에 있었던 치통은 도리어 아롱진 추억담이 된다.

　세월이 약이라 함은 현재의 고통을 시간이 좀 지난 과거로 놓고 볼 때는 덜하다는 뜻이다. 어머니 죽고 도저히 살 수 없을 줄 알았던 사람도 시간이 지나면서 잘 살아간다. 치열했던 과거의 모든 역사는, 그것이 임진왜란이든, 2차 세계대전이든 세월이 많이 지난 이 시점時點에서는 하나의 흥미로운 이야깃거리이다.

　현재 내 존재의 무게를, 참기 어려운 고뇌의 현실을 시간적 거리를 두고 관조해 보라. 거

대한 우주 공간도 마찬가지다. 그리 먼 미래가
아닌 내일이나 모레쯤이 공겁空劫이지 않겠는
가?

　명상적으로 공겁에 머물러 보라. 무한히 거
대하게 여기던 우주가 한 개의 물거품이 일어
났다가 사라지는 것과 다름없게 느껴질 것이
다. 무한 분의 일은 영零이듯, 무한 분의 억만도
영零이다. ✸

空
공

空을 깨닫는 27가지 길

초판 1쇄 인쇄 2014년 1월 24일
초판 1쇄 발행 2014년 1월 27일

지은이   용타
펴낸이   윤재승

주간   사기순
기획편집   사기순
영업관리   이승순, 공진희

펴낸곳   민족사
출판등록   1980년 5월 9일 제1-149호
주소   서울 종로구 수송동 58번지 두산위브파빌리온 1131호
전화   02-732-2403, 2404
팩스   02-739-7565
홈페이지   www.minjoksa.org
페이스북   www.facebook.com/minjoksa
이메일   minjoksabook@naver.com

ⓒ 용타, 2014. Printed in Seoul, Korea

ISBN 978-89-98742-18-8   03220

* 이 책 내용의 전부 또는 일부를 재사용하려면 반드시 저자와 출판사의 서면
  동의를 받아야 합니다.